U0141377

助你
58招 跨越年齡壁壘、成功轉職理想工作

中 年
不打烊

Job
change
success
method

職涯諮詢師
「中年轉職煩惱諮詢室」室長
中谷充宏

如今對正值中年的你來說，
正是千載難逢的機會！

　　「一過35歲，跳槽成功率就會大幅下滑」的說法曾經流行過一段時間，甚至成為某種常識。

　　一如大家曾親身體驗過的「就業冰河期」、「就業超級冰河期」，許多企業在這段時期大幅縮減錄用名額，導致中壯年齡層（編註：35歲～54歲，本書會以中年來統稱）的人很難跳槽。

　　不過，當少子高齡化的趨勢愈來愈明顯、勞工人數開始減少，加上新冠疫情慢慢消退，如今步入中年的人也比較容易轉職或跳槽了。我大概是從20年前開始，針對中年人士提供一對一轉職服務。這段時間，我親眼見證了許多過去難以想像的事情：照理說會因為年齡而吃閉門羹的中年人士，竟順利通過第一關履歷篩選，被大多都錄用年輕人的企業錄取。

　　不只突破年齡的壁壘，就連常換工作，前一份工作做沒多久就離職或是失業很久的人，也都在屈於劣勢下成功找到工作。

　　所以我敢說，對正值中年的人來說，現在絕對是千載難逢的轉職機會。

輔導1萬名以上客戶
轉職成功的祕訣大公開

話說回來，明明有些人實力很好、經驗豐富，卻還是無法成功跳槽或換工作，這是為什麼呢？

說得直白一點，這些人最大的問題在於缺乏「轉職技巧」。這其實是再明顯不過的問題，要在競爭激烈的中年轉職市場中脫穎而出，就必須學會轉職技巧。比方說，當被問到「為什麼想換工作？」時，你會怎麼回答呢？

要美化一下對前職場的不滿嗎？還是打安全牌，告訴對方「我想提升職涯與工作經驗」就好？相信每個人都很難在面試當下做出正確回答吧！轉職充滿了「人為」因素，每位面試官看待面試者的角度也都不同，很難找到正確答案。正因如此，本書才有出場的機會。

本書專門針對中年人士，介紹一些實用且具體的方法，完全不會提到什麼「年收增加幾百萬」這種聽起來就很可疑的內容。

為了幫助大家更有機會找到理想工作，本書鉅細靡遺地介紹了各種具體實用的轉職技巧，不管讀完哪一章，都能立刻實踐。

身為擁有豐富中年轉職輔導經驗的人，我想對那些為了轉職而煩惱的世代說：只要擬好計畫、一步一腳印地尋找，一定能找到理想工作。各位讀完本書後，也絕對不要只是想著：「原來如此，我學到不錯的內容耶！」而是應該立刻付諸行動，用本書介紹的轉職技巧，成功找到理想工作。

職涯諮詢師
「中年轉職煩惱諮詢室」室長
中谷充宏

CHAPTER 3
撰寫履歷與職涯經歷表的祕訣

CHAPTER 4
中年求職者的面試對策

中年求職者一定要記住的面試鐵律

面試重點在於「傳遞訊息」而不是「說話」/
維護健康從飲食做起/針對「預設問題」寫出答案/
針對「困難問題」研擬對策/
提早1小時到，讓自己保有從容心態！/適度緊張能帶來好結果/
說話速度要「稍慢一點」/看著對方眼睛，避免過多肢體動作/
一定要準備反問面試官的問題/線上面試的成功祕訣

清楚表達自我的方法

讓面試官知道你多重視這個業界、企業或業種的方法

本書的閱讀方式

項目
本書會以「文件製作」、「面試」這兩個層面，介紹中年成功轉職的技巧，各位讀者可挑選想閱讀的項目，自行決定閱讀進度。

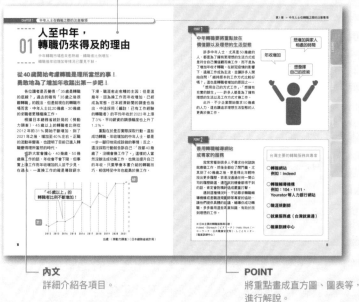

內文
詳細介紹各項目。

POINT
將重點畫成直方圖、圖表等，進行解說。

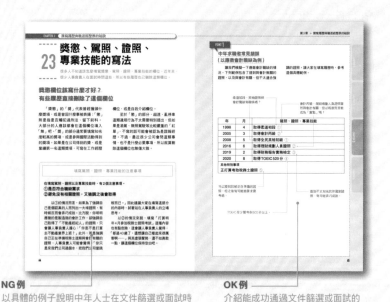

NG例
以具體的例子說明中年人士在文件篩選或面試時常犯的錯誤。

OK例
介紹能成功通過文件篩選或面試的範例、對話。

CHAPTER
1

中年人士
在轉職之際的
注意事項

01 人至中年，轉職仍來得及的理由

中年轉職市場愈來愈熱絡，轉職者比例增加、
轉職後年收增加等情況已屢見不鮮。

從40歲開始考慮轉職是理所當然的事！
勇敢地為了增加年收踏出第一步吧！

各位讀者是否覺得：「35歲是轉職的底線？」過去的確有「35歲之後很難轉職」的說法，但是就現在的轉職市場而言，中年人士比20幾歲、30幾歲的求職者更積極換工作。

根據日本總務省統計局的〈勞動力調查〉，45歲以上的轉職者比例從2012年的31％開始不斷增加，到了2021年之後，增加至40％左右。正職的流動率變高，也證明了目前已進入轉職變得理所當然的時代。

或許大家會擔心，40幾歲、50幾歲換工作的話，年收會不會下降，但事實上換工作而年收增加的人並不少見。在過去，一直換工作的確是導致薪水下滑、職涯愈走愈糟的主因；但是這幾年，因為換工作而年收增加，已經成為常態。日本經濟新聞的調查也指出，中途採用（編註：已有工作經驗的轉職者）的平均年收於2023年上漲了3％，平均薪資的調漲幅度也上升了1.2％。

重點在於是否實際採取行動。這些成功轉職、年收增加的中年人士，都是一步一腳印地完成該做的事情；反之，還沒採取行動就告訴自己：「我都40幾歲了，沒機會換工作了。」這樣的人當然沒辦法成功換工作，也無法提升自己的年收。只要學會本書介紹的轉職技巧，相信時至中年也能勇於換工作。

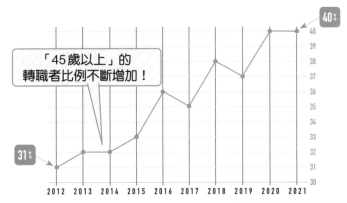

「45歲以上」的轉職者比例不斷增加！

40%

31%

2012 2013 2014 2015 2016 2017 2018 2019 2020 2021

出處：〈勞動力調查〉（日本總務省統計局）

POINT 1

中年轉職要將重點放在價值觀以及理想的生活型態

許多中年人士，尤其是50幾歲的人，都是為了擁有更理想的生活方式或是符合自己價值觀才換工作，而不是為了增加年收才轉職。在新冠疫情的影響下，遠端工作成為主流，並讓許多人開始自問：「維持原本的工作方式比較好嗎？」這也是轉職者增加的原因之一。

「想用自己的方式工作」、「想擁有充實的餘生」……許多人都是為了擁有理想的生活以及工作方式才換工作。

此外，不少企業開始徵求50幾歲的人力，這也讓追求理想生活型態的人更勇於換工作。

想增加與家人相處的時間

年收增加

想發揮自己的技術

POINT 2

善用轉職輔導網站或專家的服務

我常常看到很多人不尋求任何諮詢就應徵工作，然後全都吃了閉門羹。尤其到了40幾歲之後，更是得比年輕時投出更多履歷。若是沒通過任何一間公司的履歷篩選、連面試的機會都得不到的話，肯定會對精神造成嚴重打擊。

遇到這種情況時，不妨尋求轉職輔導機構或是職涯規劃師等專家的協助，請他們提供具體的建議，輔導你成功轉職。多多善用這些專業知識，有助於找到理想的工作。

※日本主要的轉職服務與專家：
indeed、Bizreach（ビズリーチ）、Hello Work（ハローワーク，公共職業安定所）、しごとセンター（職業訓練中心）

台灣主要的轉職服務與專家

○**轉職網站**
例如：indeed

○**轉職輔導機構**
例如：104、1111、Yourator 等人力銀行網站

○**職涯規劃師**

○**就業服務處（台灣就業通）**

○**職業訓練中心**

02 想轉職的話，該從何著手？

如果決定好要換工作，
一開始最好先找專家商量。

從40歲開始考慮轉職是理所當然的事！
勇敢地為了增加年收踏出第一步吧！

一旦決定換工作，可先透過網路尋找適合的工作，確認工作內容、待遇與相關條件是否符合需求。

有些人也會在這個時候分析自己。不過，中年人士像大學畢業生或20幾歲的人那樣，進行自我分析、找出自己的強項或想做的事情，其實沒有多大意義，不如問問自己：「為什麼現在想換工作」「條件不好也想換嗎？」確定自己是否真的想要換工作。

下定決心之後，就能開始製作履歷、職涯經歷表（編註：日本比較需要除了履歷之外，還要一份職涯經歷表），接著擬定面試策略，再向不同職缺投出履歷。不過，有可能會面臨應徵幾十間公司，卻都不被錄用的現實，許多人往往會因此不安到崩潰。

此時，最能幫助你的人，就是人力仲介或職涯規劃師這類角色。這些專家會根據他們豐富的經驗，給予實用的建議，幫助大家踏上換工作的正軌。

其實仔細一想就會發現，在下定決心換工作時，立刻去尋找這些專家的協助，可說是最省時省力的第一步。

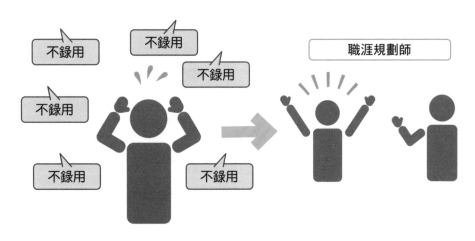

不錄用　不錄用　不錄用　不錄用　不錄用　不錄用

職涯規劃師

POINT 1

中年轉職進程

```
決定換工作
```

自我分析

從薪水、上班地點、上班時間這些條件中，找出對自己有利和不利的條件。接著問自己：「真的有必要換工作嗎？」

在人力銀行或人力仲介網站註冊

要透過網路從大量的職缺中找到最適合自己的工作，建議使用「Indeed」這個人力銀行網站。只要註冊、填入希望的條件，每天都會收到電子郵件通知相關職缺。此外，也可以透過「104」、「1111」、「Yourator」這類人力銀行網站找工作。

透過網路尋找職缺

網路上有許多職缺，從中找到自己想去的業界或公司，調查對方提供哪些職缺以及條件。

製作履歷與職涯經歷表

回顧之前的經歷，確認自己的職涯，將經歷、能力、職務經驗、應徵動機、自我推薦這些內容寫成履歷與職涯經歷表。

尋求職涯規劃師的協助

職涯規劃師可客觀地評估轉職者的經驗、技能與價值觀，與轉職者一起尋找最適合的工作。從企業的人事部門到人才轉介、人力派遣等，許多職涯規劃師都活躍於不同領域，能幫助轉職者早日找到最棒的工作。

面試策略

這是轉職成功與否最重要的關鍵。大部分的人都以為只要當場想到什麼講什麼，應該就能過關，所以只要先擬定面試策略，就有機會贏在起跑點。

面試

許多公司都會面試2～3次，基本上以一對一的方式為主流。新冠疫情爆發後，線上面試也漸漸成為主流，建議大家多多練習，讓自己能在線上面試的時候保持鎮定。

應徵

準備好相關文件後，就早點投履歷應徵工作。大部分的職缺都不太可能完全滿足應徵者的需求，所以要盡可能在可接受的範圍內多投履歷。

錄取

書面篩選、適性測驗

每個人都會在履歷上美化自己，所以告訴自己「對方的人事部門一定會對履歷有所質疑」準沒錯。台灣常用的適性測驗有MBTI、RiTE、Big-5、蓋洛普優勢測驗、DISC等，可在接受測驗之前先瞭解一下。

辭職、前往新公司

辭職時，盡可能圓滿地交接。與上司好好溝通，思考交接需要的時間，確定辭職日期，避免造成其他人的困擾。也要記得問候那些曾經照顧自己的人，再前往新公司上班。

※日本的情況：
1.日本常用的知名適性測驗為SPI。
2.日本的話推薦使用「Bizreach」人力網站，不過這只介紹高階工作。

CHAPTER 1　CHAPTER 2　CHAPTER 3　CHAPTER 4

03 認清自己「已經不年輕」的現實，尋找適合的工作

轉職成功的關鍵在於樂觀的心態。
平常沒想過換工作的人突然想換工作的話，絕對會遇到困難。

提升職涯的祕訣就是「換」與「不換」的差異

我長年協助客戶換工作後，得到一個結論：不管是不是已經40幾歲，能否成功換工作的關鍵都在於「換」與「不換」而已。樂觀看待「該怎麼做才能提升職涯」這個問題、選擇「換工作」的人，以及覺得自己「既沒有技能、證照，也沒有經驗，一定沒辦法換工作」、決定「不換工作」的人，兩者之間的差異可說是天壤之別。

選擇換工作的人，會因為採取行動而獲得好評，工作技能也會愈來愈強，所以每換一次工作，年收就會節節攀升。這些人有可能只是國中或高中畢業，卻能一步步提升職涯與年收。

反觀選擇不換工作的人，平常不採取行動，自然無法培養工作技能，也幾乎沒有任何證照，所以一旦想換工作，就找不到自己的優勢在哪，很難成功換工作；就算真的換了工作，工作的品質以及年收也都會下滑，職涯反而每況愈下，陷入換工作的惡性循環中。

40幾歲的人與年輕人的差異，在於潛能與體力的多寡；而能否成功換工作的關鍵，就在於保持正面心態，接受自己「已經不年輕」的現實，思考該怎麼做才能找到好工作。

如果你現在沒有亮眼的證照，不妨將換工作這件事訂在半年或1年後，然後趁這段期間考取與目前工作有關的證照，為自己增加優勢。

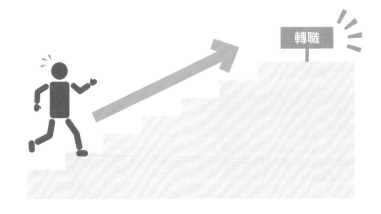

轉職

CHAPTER 1

POINT 1

接下來的轉職市場會愈來愈多職缺，
對轉職者大大有利

進入 2023 年之後，不管求職者是否已經超過 40 歲，整個轉職市場都充斥著職缺，平均薪資不斷上升，轉職率也隨之上升，所以只要多花一點心思，就很有機會換到理想的工作。

市場尤其需要資深的人力，這對中年人士來說，無疑是大好機會。想要擴大事業、強化組織的企業，也想採用具備技術或經驗的中年員工。

尤其曾帶過團隊或擔任管理職的應徵者，更是炙手可熱。〈轉職市場預測 2023 年上半年〉（出處：doda）便指出：「只要認真換工作，幾乎都能成功找到理想工作。」

不過，就算學會轉職技巧、找到待遇不錯的工作，能不能在新工作地點待很久則是另當別論。成功換工作之後，其實還是應該繼續思考換工作的事情，但很多人光是換工作就已經累得半死，沒辦法思考接下來的事。

如果你希望在換工作後繼續提升職涯，就要試著問自己：「跳槽到這間公司沒問題嗎？」許多人都以為換工作之所以能成功，全是因為企業選擇了自己。但我要請大家記住一件事：企業挑人的同時，你也在挑企業，雙方是平等的立場。

POINT 2

學習爆發力是
轉職成功的關鍵

有些職缺會需要具備特定軟體能力的人才。

比方說，需要影片剪輯軟體能力的職缺，20 幾歲的應徵者可能會趕快上網路課程，或是向這方面的專家拚命學習，然後在面試時不斷強調自己在這方面的能力；反觀 40 幾歲的人則很少這麼做，這就是年齡上的差異。

若是一心想要換工作的人，就會像這樣拚命學習新技能。畢竟每個人在面臨絕境之際，什麼都會願意嘗試。因此，從是否願意嘗試新事物這點，也能看出當事人是否真心想要換工作。

04 中年轉職成功與失敗的範例

有些人在換工作之後，得到更好的職位與收入；
有些人卻是每況愈下，愈換愈糟糕。兩者的差異到底是什麼呢？

長期累積職涯經歷的人比較容易換到好工作

許多人都覺得，40 幾歲才換工作，一定會換到條件很差、收入變糟的工作；但不可諱言的是，有些人卻是工作愈換愈好、收入愈換愈高。

而這些能換到理想工作、年收不斷增加的中年轉職者，都有一個特徵──大量累積職涯經歷。比方說，擔任有利於換工作的管理職，或是累積工作經驗與技能，取得相關證照等。我將這個過程稱為「職涯存款」。

要想提升職涯，最重要的就是不斷累積相關經歷。存了很多職涯存款的人，在轉職市場會相當吃香。就算不打算換工作，企業也會主動聯繫、願意提供他們更好的職位與收入。

而有些人就沒辦法換到好工作。比方說，換太多次工作的人往往無法給面試官好印象，因為面試官會擔心：「這個人會不會一進公司就立刻打算換工作？」

若事已至此，不要找一些奇怪的藉口，坦承過去的事情，誠心誠意地讓對方知道「我進入貴公司後，會洗心革面地認真工作，還請您給我一次機會證明自己」，才能替自己營造好印象。讓對方感受到你的誠心，是轉職成功的一大祕訣。

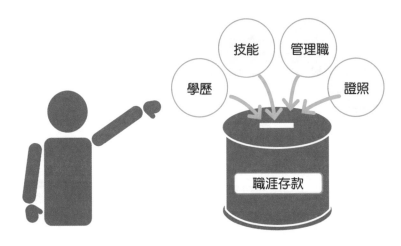

中年轉職經常犯的失敗例

① 履歷、職涯經歷表寫得不夠仔細

雖然履歷、職涯經歷表照實寫就好，但還是有一些需要注意的事項。比方說，在描述自己的經歷時，年分一下子用西元、一下子用民國，使用簡寫等不合時宜的寫法。

此外，有些人可能不知道學歷該寫到多久以前的學校，但其實這點都可以，只不過中年轉職者通常只需要寫最終學歷，請以能否為自己加分這點來衡量。有些特定職種會需要寫到國中或高中的學歷；如果是應徵在地企業，則可寫到國小的學歷，應該多少會加分。

② 未確認職缺的內容、條件

換工作的時候，通常會將同一份履歷、職涯經歷表寄給多間企業。而中年轉職者往往會應徵很多間，而忘了仔細瀏覽職缺內容。

如果沒有仔細瀏覽職缺內容，就將履歷與職涯經歷表寄給企業，很可能會因為不符合對方的徵才需求，或是因為不合宜的應徵動機而釀成悲劇。比方說，明明對方需要的是人事方面的人才，你卻告訴對方自己想要應徵會計，那當然會被淘汰。因此，應徵時請務必詳讀每個職缺的內容，用心撰寫履歷職涯經歷表。這雖然是理所當然的事，但其實很多人都會疏忽。

③ 沒有認真聽面試官說的話

有時候會被面試官問到「為什麼換那麼多次工作」、「為什麼之前有1年的空窗期」這類「負面問題」。

有些人不知道面試官為什麼問這類問題，所以只會一味地狡辯。

如果被問到「為什麼換那麼多次工作」，卻回答「這代表我累積了很多工作經驗，能適應各種職場，工作很快就能上手」只會造成反效果，因為面試官想知道的是你對哪個工作特別有經驗或是有見解。

建議大家先準備好一些回答這類負面問題的答案。

④ 未擬定面試策略

有些職位的確會「跳過書面審查，直接通知面試」，但絕對沒有「只書面審查，沒有最後面試」的職缺。由此可知，企業非常重視面試這一關。

在撰寫履歷或職涯經歷表時，建議請專家幫忙修改，提升完成度。

至於面試，就得靠你自己努力才行了。就現況而言，真的有許多人都在未擬定任何策略之下，直接接受面試。

反過來說，只要擬好面試策略，就能與其他面試者拉開差距，也就能成功換工作。本書也會介紹擬定面試策略的方法，還請大家繼續讀下去。

CHAPTER 1
CHAPTER 2
CHAPTER 3
CHAPTER 4

05 轉職需要「轉職技巧」而非「工作技巧」

要想成功轉職,就要先放下「我的工作能力很強」的自尊,學習轉職技巧。

學會轉職技巧,就有機會讓年收增加三成!

有些人以為只要工作能力很強,就能很快地成功換工作,但實際情況並非如此。「我的工作能力很強」這種自尊心作祟下,很容易讓人期待過於理想的待遇,導致遲遲找不到適當的職缺。此外,這種心態也很容易讓人在求職時莫名地擺出高傲的態度,給面試官留下不好的印象。

我長年協助客戶轉職,看過許多工作能力很強、卻一直無法成功轉職的人。其實,這都是因為他們不具備「轉職技巧」而已。

所謂的轉職技巧與「工作能力」不同,需要的是優異的簡報能力,也就是能夠推銷自己、打敗其他轉職對手的能力。有些人的確擁有豐富的工作經驗、厲害的技術,卻缺乏簡報與溝通能力,而在缺乏這類轉職技巧之下,就很難跳槽到待遇更理想的公司、增加年收。面試時,誠實回答面試官是基本中的基本,但還是要多在談吐或用字遣詞上花點心思。

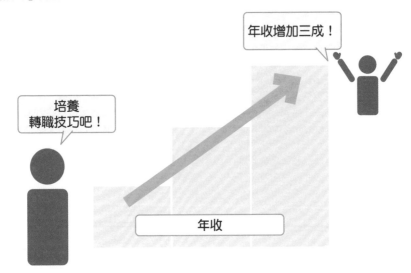

年收增加三成!

培養轉職技巧吧!

年收

POINT 1

不犯不該犯的失誤
也是轉職技巧之一

在書面審查的時候，履歷與職涯經歷表是宣傳自己的重要工具，有助於人事負責人瞭解你具有哪些傑出經歷、優異技巧和專業能力。

不過，有些人會不小心寫錯字或漏字。一旦有錯漏字，對方就會覺得「你是個不夠細心的人」，甚至會覺得「你其實沒有那麼想要換工作」。

仔細地製作資料，並在製作完畢之後反覆閱讀；可以的話，找個值得信賴的第三方幫忙檢查。

> 沒有仔細確認職缺內容！

> 應徵每家公司都寫同一個動機！

NG 例 ①

應徵卻不寄送書面資料

大家知道嗎？許多人透過網路應徵工作，卻有超過一半以上的人不附上履歷與職涯經歷表。現在的時代，大部分的人都可透過應徵表單輕鬆應徵職缺；但遺憾的是，愈來愈多人會心想：「蛤？還要附書面資料？那算了。」而放棄應徵工作。反過來說，只要認真準備書面資料，就能大幅提升人事負責人對你的印象。做好本該做好的事情，就能在轉職過程中得到想要的結果。請大家把自己當成一位成熟的社會人士，再試著找工作吧。

NG 例 ②

沒說謊，但過於誇大

在宣傳自己時，有些人會透過各種技巧誇大自己的一切。比方說，有些人會說：「我曾擔任團隊負責人，帶領多位成員，擁有領導與溝通能力，所以具備相當的管理能力。」把自己塑造成無可挑剔的人；但這麼一來，人事負責人反而會懷疑：「這個人真的沒問題嗎？」就算真的錄用，之後也可能覺得：「你沒有當初說得那麼厲害。」因此平鋪直述地描述自己、不要過於誇大，才是最理想的自薦方式。

06

中年需要什麼能力？

豐富的經驗與穩定性，正是中年人士的「賣點」。就算沒有技術或管理經驗，也要進一步瞭解自己的強項，才能找到更理想的工作。

管理經驗與專業領域的積累
哪個更重要？

轉職市場中，多半都會要求中年人士具有擔任中階管理職的經驗，或是長年在專業領域上的實績。

基本上，中年轉職能否成功，確實會受是否具備管理經驗影響；但是，就算沒有這類經驗，只要能讓人事負責人覺得，你能夠在同一間公司工作很久、是個很穩定的人，你的年齡反而會成為「賣點」。因為能長時間執行業務的能力，會讓人覺得放心。

接著就要來探討，開缺的企業希望應徵者具備什麼能力吧。如果該職位需要40幾歲以上的人才，那麼比起20幾歲的社會新鮮人所擁有的爆發力，這間公司或許更需要成熟的社會人士，並且追求穩定性。曾經有位44歲的人來找我諮詢，他表示自己長年於同一間公司負責同一項業務之後，便成功拿到了年齡必須低於35歲的工作。簡而言之，判讀開缺的企業有何需求，並表明自己哪裡符合，也能提升轉職的成功率。

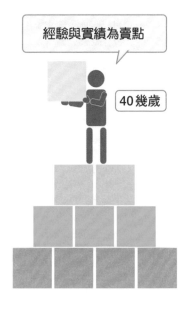

經驗與實績為賣點

40幾歲

20幾歲

POINT 1

掌握40幾歲勝過20幾歲的關鍵，就沒有什麼可擔心的！

一般認為，20幾歲的人在轉職市場遠比40幾歲的人占優勢，但有些職缺卻非中年人士莫屬。因此，我們應該來探討一下，這些職缺為什麼需要中年求職者呢？

中年求職者通常具有長年的工作經驗，而且若是幾乎沒換過工作的話，會給別人一種能徹頭徹尾完成一項工作的安心感。如果還具備中階管理職的經驗，就可能擁有成熟的管理能力。

此外，中年求職者通常已經有一定的社會化程度，這對需要即戰力的企業來說，絕對是可遇不可求的人才、值得信賴的夥伴，這正是中年求職者的魅力所在。

中年求職者的賣點

- 長年從事同一份工作的經驗以及穩定性
- 具備與年齡對應的業務執行能力
- 具有一定的社會化程度
- 已有豐厚的「職涯存款」
- 已經具備管理能力

20幾歲求職者的風險

- 不曾長時間從事同一項工作
- 企業得冒險相信求職者擁有未知的潛力
- 社會化的程度可能還不夠
- 幾乎沒有所謂的經驗值
- 通常不具備管理經驗

POINT 2

沒有管理經驗也無妨，只要進一步延伸瑣碎經驗就好

大致上，企業都希望中年求職者具備管理經驗。不過，許多求職者原本的工作是技術職，或是公司規模不大而沒有管理職，所以沒機會累積管理經驗。其實，負責錄取人才的人事負責人也明白這些情況。

即使如此，我們也不能在面試時，只丟出一句「我沒有管理經驗」。就算不曾擔任管理職，也可以試著說說自己曾在小專案帶領成員的經驗等等。

讓對方知道你希望根據上述經驗如何管理部下，應該就能給對方留下不錯的印象。

我沒有管理經驗。

07 只要做好「準備」，有九成機會轉職成功！

轉職成功與否取決於是否做好事前準備，其中最重要的就是面試策略與決心。事先瞭解風險、排除負面因素，就是成功的祕訣。

真的需要轉職嗎？
在轉職前應該具備的心態

　　轉職是否成功，事前準備占了九成的比重。所謂的事前準備，可不只是製作履歷和職涯經歷表，還得準備面試策略。若是抱持著「不用準備太多」或「當天看情況再說」的心態，面試通常一下子就結束了。尤其是有一些「負面因素」的人，例如：常換工作，缺乏管理經驗，或是曾因心理問題而留職停薪等，都需要特別準備面試策略。

　　轉職最重要的部分就是「決心」。真的已經到了不得不換工作的狀況嗎？

　　真的有必要換工作嗎？ 換工作有可能導致年收減少，而且到新公司後恐怕會發現身邊都是年輕人等等。你是否準備好面對年紀比自己小很多的上司？ 是否已經決心換工作？ 請先試著問自己這些問題。

　　絕對不要只是因為討厭現在的職場、覺得「其他公司的月亮比較大」就想換工作。在換工作前，請先冷靜地思考：「真的有必要換工作嗎？」再採取行動。

POINT 1

不要覺得「自己沒優勢」就放棄，
先試著與家人、朋友或專家商量吧！

　　準備換工作的時候，有些人會覺得「自己沒有優勢」而打退堂鼓，但這樣真的很可惜，因為這世上每個人都有自己的優勢。

　　只要檢視之前的職涯，就能發現原本沒發現的優勢。如果自己找不到的話，可以試著問問身邊的朋友、家人；預算足夠的話，也可以試著向人力仲介或職涯規劃師諮詢，請他們幫忙從專家的角度找出你的優勢。檢視過去、找出優勢、知道自己想從事的工作之後，就算是做好萬全準備了。

POINT 2

用「能力金字塔」
找到轉職所需的優勢

建議大家透過下列的「能力金字塔」，找出自己的職涯經歷與準備應徵的職缺有何共通之處。

首先，將我們擁有的能力分成三大類，就能從俯瞰的角度掌握自己的優勢在何處、具體擁有哪些優勢，幫助我們找到轉職所需的「賣點」。

①人事能力	②業務能力	③專業能力
這是適應社會生活不可或缺的能力。上班不遲到、不無故缺勤……這些都是身為社會人士的基本常識。話雖如此，還是很多人不懂或不遵守，所以只要能讓自己成為一個成熟的社會人士，就有可能贏在起跑點上。	能應用於所有工作的能力，包含簡報技巧、IT素養、培育人才、銷售商品、行銷知識等等。擁有多種技術，就有機會與其他求職者拉開差距。	有些工作或產業需要專業技術與知識。以企業顧問為例，就需要具備會計能力，以及能處理合併財務報表的知識。這些特殊技能需要經過完整的培訓，或是實際專職執行過才能學會。

高

③專業能力
（例：豐富的產品／服務知識、
市場分析能力、活用資料）

專業性

②業務能力
（例：瞭解商業規則、具有經驗、
管理能力、簡報能力）

①人事能力
（例：開朗、具抗壓性、有上進心）

低

08 先從 Indeed 收集資訊，不知該怎麼辦就請教專家

中年求職者要想轉職，必須以「量」取勝。
第一步，就是從大量收集求職資訊開始。

採納專家建議、朝著正確方向努力，在最短時間內得到結果是成功的祕訣！

要換工作就必須先收集資訊。網路上有許多人力銀行網站，可試著從這些網站應徵工作。其中又以「Indeed」這個網站最全面，幾乎網羅了各種人力網站。在這個網站註冊就能輸入個人資訊與製作履歷，也能大量收集資料，尋找適當的職缺。

不過，中年求職者剛開始找工作，很可能面臨被好幾間公司拒絕、連書面審查的機會都沒有的現實。正因如此，更要多投履歷。

話雖如此，被拒絕5～10次或許還受得了，要是被20間以上的公司拒絕，而且連書面審查這關都過不了的話，或許就會想要換個方式應徵。

但是坦白說，40幾歲之後換工作，就是得投這麼多履歷。如果已經朝著正確的方向努力，就應該堅持下去，以免前功盡棄。

那麼，到底該投多少履歷呢？ 要回答這個問題，需要具備客觀角度以及個案研究經驗，這時就必須尋求人力仲介或職涯規劃師等專家的幫助，他們一定會給你適當的建議。

在 Indeed 尋找職缺時，可從首頁的搜尋欄位輸入「關鍵字」與「上班地點」。

| 職務、關鍵字或公司　🔍 | 縣市區鄉鎮名，或「遠距」　📍 | 職缺搜尋 |

發布您的履歷－輕鬆地用手機應徵職缺

點選「職缺搜尋」就能顯示職缺。

POINT 1

人力銀行網站的唯一選擇就是 Indeed！
包羅所有職缺的最強人力銀行網站

　　Indeed 是全世界規模最大的求職網站，每個人都能在上面搜尋到理想職缺。這個網站整理了各種徵才資訊，規模遠比其他人力銀行網站的搜尋引擎來

得巨大，會根據求職者的搜尋關鍵字或履歷，提供適配度最高的職缺。

　　儘管目前有許多人力銀行網站，但 Indeed 幾乎已將這些人力銀行網站的資訊整理完畢，所以只要透過 Indeed 就能找到想找的職缺。要想收集職缺的相關資訊，就先瀏覽 Indeed 吧。

輸入電子郵箱之後，點選「繼續」，或是利用 Google 帳號註冊。

如果想以帳號註冊，可選擇 Google 這類帳號；如果選擇以電子郵箱註冊，會收到認證信，可點選認證信的連結予以認證。

選擇「正在找工作（求職者）」。

輸入基本資料，履歷就完成了。

POINT 2

諮詢專家，
以最快的速度得到理想結果

　　如果一直應徵都被拒絕、開始懷疑自己是不是方法有問題，那我必須先告訴你：中年求職者本來就得多投履歷，才會得到理想的結果。

　　如果不知道這點，投了 10～20 次履歷後，就覺得「還是修改一下履歷好了」，反而會弄巧成拙，這也是中年求

職者常犯的錯誤。

　　不過，也有可能真的是做法有問題，這時不妨諮詢經驗豐富的職涯規劃師。在還沒開始換工作時諮詢，就能從一開始以正確的方式進行，也能在最短的時間內找到理想工作。

09 以「人事能力」與「業務能力」自薦

我常看到覺得自己沒有優勢就不願意行動的人。
只要使用能力金字塔，就一定能找到自己的優勢在哪。

中年求職者就算沒有專業技術，只要說自己從過往經驗學到什麼即可！

中年求職者在換工作的時候，不用像20幾歲的求職者那樣深入探討自我，更重要的是掌握現況、知道自己具備哪些經驗，以及想清楚「為什麼非得換工作」。

此時，可利用前面章節〈只要做好「準備」，有九成機會轉職成功！〉介紹的「能力金字塔」釐清上述問題。這一節就要進一步說明能力金字塔。中年求職者可盡量以能力金字塔中的「人事能力」與「業務能力」自薦。

人事能力作為與人共事的能力，其根基源自於個性，如：開朗、活潑、對體力很有自信、樂觀、謹慎等。開朗、樂觀的人，就比較適合從事業務或服務業；謹慎小心的人，則比較適合技術職工作。

業務能力則是從過去的職涯磨練而來的能力。比方說，管理能力、簡報能力、Excel等電腦技術能力，甚至包含商業禮儀、IT識讀能力等。相較於大學畢業生或社會新鮮人，中年求職者已經累積了一定的資歷，應當具備相當的業務能力，這便是可以用來自薦的優勢。

POINT 1

轉換跑道也適用！
重點在於如何推薦自己

有的人為了轉換跑道，可能會去應徵不曾接觸的領域。不過不用擔心，即使是中年求職者，只要徹底分析自己具備哪些人事與業務能力，一樣能成功轉換跑道。

這個時代，除了希望求職者具備職場禮儀、社會人士的素養，還會希望有IT識讀能力等應當具備的基礎能力。就算沒有專業技術也不要氣餒，盡可能表現出自己具備這些能力就好。

NG

我沒有相關經驗，
也沒有專業技術……

OK

我雖然沒有相關經驗，
但具備一般的IT識讀能力！

POINT 2

活用之前的經驗
就能找出自己的優勢

就算是要轉換跑道，也可以試著從過去的經驗之中，找出或許能夠應用的經驗。

假設你打算從技術職轉換成業務職，那麼懂得利用Excel分析市場調查資料，就能夠分析顧客的動向並妥善管理資料。

總而言之，就算沒有特殊專長，也可以試著回顧過去的職涯，確認有沒有什麼可以應用在新工作的技巧，自然而然就會找到自己的優勢。

技術職

我很擅長利用Excel做分析，
這對業務工作有幫助嗎？

業務職

如果懂資料分析，
擔任業務職時就能藉此
分析市場並管理客戶資訊！

10 年收、工作方式、價值觀該如何衡量？

中年求職者需要的不是自我分析，而是試著替「價值觀排出優先順位」，釐清自己的底限。

真的需要換工作嗎？
試著重新檢視價值觀

40幾歲之後，要透過跳槽提升待遇可能會受到年齡上的限制，而且相較於年輕的時候，職缺也會比較少。與其不顧一切地換工作，繼續留在現在的公司或許是比較安全的選擇。不過，之所以無論如何都想換工作，一定是因為有不得不換的理由。

此時就得先問問自己，哪些是「可以退讓的條件」，哪些是「不能退讓的條件」。比方說，薪水絕對不能減少、上班地點必須在離家1小時車程內的地方、不能夠外派……先釐清這些條件的優先順位，就能找到換工作的方向，並

確實地瞭解自己最重視的價值觀，例如：薪水低一點沒關係，但通勤時間不能超過1小時。

老實說，中年求職者在換工作的時候，最好先告訴自己「薪水有可能變少」，減少一成或兩成還算好的，減少一半也不在少數，再不然就是新公司都是比自己年輕許多的員工。說得極端一點，工作很理想，但可能遇到20幾歲的年輕主管，這樣也無法動搖你想換工作的決心嗎？

建議大家捫心自問，是不是即使如此也想要換工作呢？

【工作內容】
業務職：開發新客戶、與舊客戶鞏固關係、產品說明、提案、簽約

●企業A
【薪水】月薪50,000～70,000元，視經驗與技能調整
【上班時間】星期一～星期五9:00～18:00（含休息1小時）
【上班地點】可討論是否到辦公室上班或遠距上班
【待遇、福利】健保、年金、勞保、遣散費、育兒津貼、看護休假制度

●企業B
【薪水】月薪70,000～90,000元，視經驗與技能調整
【上班時間】星期一～星期五10:00～19:00（含休息1小時）
【上班地點】到辦公室上班
【待遇、福利】各種社會保險、遣散費、育兒津貼、看護休假制度、職涯提升制度（研修課程、證照輔導）、身心假

POINT 1

先整理出不能退讓的條件，才能排出價值觀的優先順位

比起問自己：「我的價值觀是什麼？」不如先問自己：「為什麼想換工作？非換不可的理由是什麼？」這樣才能釐清自己不可退讓的條件，例如：小孩要考大學而需要錢、想從事技術職工作。

透過探討換工作的理由，就能知道自己必須找什麼樣的工作，是想要找到理想職業、還是想要更高的薪水。不可退讓的條件就藏在換工作的理由之中。

不可退讓的條件

- 不希望年收減少○成以上
- 希望通勤時間在○○分鐘內
- 希望福利夠好
- 希望不用加班，上班時間短
- 希望從事有助於職涯規劃的工作
- 希望從事具有專業性的工作
- 希望遠距工作

POINT 2

放下身段，思考是否具有市場價值

中年求職者通常都有很長的職涯，知道自己目前擁有哪些經驗與技巧、年收多高。

從這些就可算出自己在轉職市場中的「市場價值」。如果不知道自己的市場價值，就可能發生原本在零售業年收70萬的人突然跑去應徵年收300萬的工作。所以請務必冷靜評估「自己的年齡、經驗與技術能夠應徵什麼樣的職缺」。先瞭解自己的市場價值，才能在最短的時間內得到理想的結果。

有時候會如右例，找不到理想的職缺或是條件，此時就必須放下身段。

事例

想進外資科技公司，同時又能兼顧家庭的工作
（44歲女性）

這位女性原本一直在電影代理公司上班，但後來被裁員，所以找我諮詢。她表示想要轉職到外資科技公司上班，但她的小孩年紀還很小，所以希望找到能兼顧家庭的工作。不過我提出下面幾點，讓她知道她想要的工作非常稀有。

- 外資科技公司開出的職缺，通常是全職工作。
- 電影代理公司算是特殊工作，累積的經驗與工作技能很難適用於新工作。

在這種情況下，就算分析自己再找適當職缺，可能也很難找到理想工作，必須從列出的條件中選擇較符合自身情況的。

盡可能早點寄出
履歷或職涯經歷表

好不容易花了大把時間寫好書面資料，很多人卻在提出書面資料這一關犯錯，因此被刷掉。

比方說，在人力銀行網站應徵之後，對方公司通常會要求上傳履歷或職涯經歷表，但此時應徵者的對應模式分成很多種：①完全不寄送書面資料，②只寄送履歷或職涯經歷表，③過了1週才寄送書面資料。換言之，很少人立刻寄送書面資料。

為什麼會這樣呢？ 主要的理由就是對自己太有自信，不夠積極以及準備不足。尤其準備不足這點，只要事先準備好，就能在對方要求履歷與職涯經歷表時立刻寄給對方。

此外，寄送方式也要格外注意。各家公司的規矩都不同，有些公司會要求應徵者將相關書面資料上傳至指定位置，或是透過電子郵件傳送。如果是後者，要特別注意電子郵件是否輸入正確。

在換工作的時候，要多幾分細心，以及要求自己做出正確而迅速的回應。光是這樣就能與其他應徵者拉開差距，得到理想的結果。

向職涯規劃師與
人力仲介
尋求協助的方法

11 就業服務處、人力仲介與職涯規劃師的差異

想換工作就先諮詢專家。
接受專家的建議之後，換工作的成功率會高得嚇人。

與專家並肩作戰，不要一個人孤軍奮鬥

　　換工作的時候，不少人會透過勞動力發展署的求職渠道「就業服務處（台灣就業通）」，而且全國各地都有相關據點。由於是國家負責營運，所以有許多職缺，而且徵才的企業也能免費刊登。但是，當刊登門檻降低，品質自然會跟著變差。

　　人力仲介則是媒合求職者與企業的橋樑，幫助求職者找到工作。由於人力仲介知道企業徵才的需求，也具備幫助求職者找工作的專業，所以往往能夠幫

助求職者找到理想工作。不過，人力仲介是透過介紹人才給企業，再從中抽取佣金的工作，所以企業需要的通常是高階人才。一般認為，人力仲介擁有許多未公開的求才資訊，但聚焦於服務優秀的人才。

　　職涯規劃師則可根據求職者的技能、知識與興趣這類特性，幫忙求職者打造職涯，是能夠正確指出求職方向的好夥伴。

能幫助求職者順利換工作的服務

就業服務處	由勞動力發展署營運，負責媒合求職者與徵才公司。台灣另有「台灣就業通」進行線上服務。
人力仲介	擔任求職者與徵才企業的橋樑，根據雙方的需求與期待，媒合雙方的專家。
人力銀行網站	提供大量職缺的網站。可根據職種、地區、薪資、業種搜尋職缺，再透過應徵表單應徵。
職涯規劃師	以學生、求職者、在職者為對象，給予職業選擇、能力開發這類諮詢服務的專家。
職業訓練中心	輔導就業，幫助求職者學習工作所需的知識、技能，提供各種講座、能力開發與職缺的服務。

※日本的情況
日本的 Hello Work 是由日本厚生勞動省營運的職業介紹所，負責媒合求職者與徵才公司

POINT 1

輔導就業的
在地「就業服務處」

　　「就業服務處」指的是為了輔導就業，提供與就業相關的一條龍服務的機構，通常是由各地政府負責營運。

　　就業服務處的職涯規劃師會根據每個人的情況，提供具體的就業方法，或是給予職缺方面的建議。除了協助20幾歲、30幾歲的人就業或二度就業，也能針對40幾歲、50幾歲的中年求職者提供相關研討會或職涯規劃講座。有需要的話，請務必去一趟。

※日本的情況
日本的しごとセンター由各地方政府營運，專門提供與就業相關的一條龍服務。雖然提供職缺不如Hello Work大量，但有職涯規劃師協助輔導就業，並會提供相關講座。

就業服務處的特徵
○提供就業輔導研討會或是講座
○屬於在地機構，能有效改善在地就業情況
○備有專業的職涯規劃師
○每個人都能免費利用
○輔導就業保險等申請手續

POINT 2

轉介應徵的情況愈來愈多，
試著藉此換工作吧！

　　一般都是透過網路上面的公開資訊應徵工作，但有時候不管怎麼應徵都無法成功。

　　此時不妨試著以「轉介」的方式應徵。所謂的「轉介應徵」是指透過人脈或人際網路找工作的方式。你可以試著跟朋友、家人、親戚或是客戶說：「我最近想要換工作，如果有適當的工作，務必介紹一下。」請這些人脈幫忙介紹工作。

　　雖然這種方法很講究機運，但問問看至少有機會。得到機會之後，就照一般的流程，堂堂正正地接受面試即可。

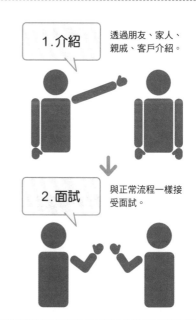

1.介紹　透過朋友、家人、親戚、客戶介紹。

2.面試　與正常流程一樣接受面試。

12 篩選職涯規劃師的方法

可根據過往案例以及契合度,挑選適當的職涯規劃師。
首先從就業服務處開始吧!

如何挑選擅長服務中年求職者的
職涯規劃師呢?

想要換工作的時候,尋求職涯規劃師的協助是非常有效的方法。基本上可以先在網上搜尋一下,看看對方是否為適合的職涯規劃師。篩選重點在於是否曾經大量輔導中年求職者轉職,並確認一下對方是否擁有成功幫助中年求職者找到理想工作的經驗。

也很推薦尋求各地就業服務處的職涯規劃師協助。這些職涯規劃師都很有經驗與技巧,能給予非常實用的建議。

不過,不管對方的過往案例多好,

或者是多麼優秀,人與人之間還是有所謂的契合度,對於找工作的看法也不盡相同。

尋找職涯規劃師的時候,不妨問問對方「您是否曾經服務過像我這樣的中年求職者?」或是「您是否曾經成功輔導40幾歲的人就業呢?」藉此瞭解對方的經驗以及擅長的領域。

還請大家務必善加利用各地的就業服務處。

篩選職涯規劃師的重點

○是否曾經服務中年求職者?

○是否介紹過你想要的職業或是業界?

○是否曾經成功輔助與你年齡相仿的人就業?

請問您是否曾經
輔導過中年求職者?

POINT 1

職涯規劃師哪裡找？

曾有人跟我說：「我不知道該去哪裡才能找到職涯規劃師。」

職涯規劃師通常在企業、大學、專科學校負責職涯規劃服務，或是在人力公司服務。

可以在網路上查看看職涯規劃師的個人資料與過往案例，不過這樣還是很難真正瞭解對方的人格或個性，所以最好的方法是實際與對方聊一聊。許多職涯規劃師也在政府營運的就業服務處、漾青春基地等輔導就業，只要聊過後覺得「對方感覺不錯」，可以多去幾次、與對方打好關係。

※日本的情況
しごとセンター、Job Cafe（ジョブカフェ）、Hello Work等機構會有職涯規劃師。

職涯規劃師的服務地點

○企業、人力派遣公司

○輔助轉職和二度就業的機構

○學校、教育機構（例如：職涯教育、職涯規劃中心）

○在地型青年就業輔導中心、女性就業輔導中心

○其他
（例如：提供身障者就業輔導、職業諮詢、醫療和社會福利服務、生活扶助這類服務的地方，或是矯正學校與更生機構）

○國家或地方政府提供的就業輔導服務機構、職業訓練中心

POINT 2

就算歷經就業冰河期，
只要用正確方法也能成功轉職！

1990年代日本泡沫經濟瓦解，當時的大學畢業生歷經就業冰河期，很多人都未能成為正職員工，只能以非正式雇用的方式工作。如今這些人成為40、50幾歲的中年求職者，不少人覺得：「都已經過40，不可能找到正職了。」而自暴自棄。

不過，一切都還來得及。近年來，轉職相關服務愈來愈完善，只要諮詢職涯規劃師這類輔導就業的專家，找到理想正職的機率就會增大，還請大家千萬記住這件事。

就業
冰河期

非正式雇用

↓

正確的轉職活動

↓

正職員工

13 人力銀行網站、人力仲介的使用方法

妥善利用人力銀行網站與人力仲介，
就有機會成功轉職！

註冊「Indeed」人力銀行網站

人力銀行網站實在多不勝數，很多人都不知道該使用哪個比較好，而我個人推薦的是「Indeed」這個網站。

Indeed 幾乎包含了所有人力銀行網站的資訊，能夠橫向搜尋所有職缺，是非常方便的網站。24頁也說明過註冊 Indeed 的方法。

人力仲介則擁有許多未公開的優質職缺，可貼心地幫每一位求職者媒合。不過，人力仲介通常會嚴格審查每位求職者的資格與個性，所以不是那麼容易登錄資料。因為人力仲介是專門透過介紹優秀人才給公司，再從中收取佣金的商業模式，必須找到優秀的人才不可。反之，若能在人力仲介登錄資料，轉職的成功率就會大增，還請大家試著製作相關文件，試著找人力仲介看看。

若能同時透過人力銀行網站與人力仲介找工作，就有機會全方面地進行轉職活動。

人力銀行網站與人力仲介的差異

	人力銀行網站	人力仲介
收入來源	廣告費、寄送挖角信件的費用	企業給的介紹費
相關網站	Indeed 104人力銀行 1111人力銀行 LinkedIn	瑞星管理顧問 藝珂人事顧問 米高蒲志 萬寶華企業管理顧問

※ 日本的情況
1.適合中年人士的人力銀行網站：Indeed、Rikunabi NEXT（リクナビNEXT）、Middle 轉職（ミドルの転職）、MyNavi 轉職（マイナビ転職）
2.適合中年人士的人力仲介：Recruit Agent（リクルートエージェント）、Bizreach、Doda、JAC Recruitment（JACリクルートメント）

POINT 1

靈活運用
人力仲介的方法

人力仲介擁有大量未公開的職缺資訊，而各家人力仲介擁有的職缺資訊也不盡相同，所以必須分別在不同家的人力仲介登錄資料。

除了在 Google 輸入「人力仲介」這個關鍵字，也可以加上希望應徵的業界（如：不動產、零售業）、職種（如：業務、行政）、年齡（如：40歲、50歲）再搜尋。此時會顯示適當的人力仲介公司，建議大家在這些公司註冊。

由於最近很難在人力仲介註冊，所以請盡可能大量註冊，才能以量取勝。

使用人力仲介流程

① 申請

從申請表單輸入希望換工作的時期、工作地點、年收與職種，完成申請流程。

② 面試

透過面對面或打電話的方式與職涯規劃師商量。精通業界或職種的專任負責人會確認求職者想要的條件，並協助確認過去的經歷或強項、弱項。

③ 介紹職缺

根據求職者希望的條件，介紹職缺或提出職涯規劃方案。

④ 修改文書資料、擬定面試對策

幫忙修改職涯經歷表這類文件內容，以及傳授面試技巧。

POINT 2

無法在人力仲介
註冊的情況

符合中年求職者的職缺本來就比較少，所以很可能無法在人力仲介註冊。如果實在無法成功註冊，不妨試著提升自己的能力，這就是最近很流行的「重新培訓」。所謂的重新培訓，是指學習新的技能。尤其 IT 方面的技能特別受到企業歡迎，若能學會的話，一定會成為求職的一大利器。此外，考取證照也能為自己增加附加價值。

時至中年，很少人會學習新技能，所以若能重新培訓自己，一定能與其他求職者拉開差距。

透過重新培訓
取得有助於換工作的證照

○ IT 相關證照

○ MOS
（Microsoft Office Specialist）

○ 財務顧問

○ 中小企業診斷師

○ 稅務士

○ TOEIC（超過800分以上）

14 註冊之後的流程
書面篩選、面試篩選、適性測驗

很多人在網路上投完履歷後就鬆懈了，但其實還有後續的流程要走。
請擬定對策，面對後續的面試與適性測驗。

不是寄送書面資料就沒事了！
要完整掌握錄取的流程

在此要介紹從應徵職缺到被錄取的流程。

①透過網路寄送應徵所需的書面資料，接受書面篩選。

②接受面試（人事負責人、部門主管、總經理，大致會有2～3階段）

③接受適性測驗

有些公司因為缺人而急於找人，這時只需要通過書面審查這關就會被錄取，或是經過總經理面試就錄取。尤其中小企業可能沒有專門的人事負責人，錄取流程會不太一樣。不過，基本上都按照上述流程。

不管是哪裡的企業，錄取人才都以面試為主，相當重視面對面交流的環節。不過，書面篩選作為審查人才的基準之一，人事負責人會據此決定是否要面試求職者。如果覺得「等到面試時再好好介紹自己就好了」，卻連面試的機會都沒有，豈不是太可惜了嗎？

此外，適性測驗則是確認求職者是否具備最低程度的常識。許多人都覺得這關很簡單，但還是有可能因此被刷掉，所以千萬要打起精神，不要在最後一關才被刷掉。

POINT 1

①書面篩選

在過去，同時寄送履歷與職涯經歷表是常態，但現在都是透過網站應徵，所以常常直接填寫職涯表單就結束了，幾乎不會要求求職者寄送手寫履歷。

不過，還是有些企業會希望求職者印出文件。

如果是透過網路寄送書面資料，建議先轉換成PDF檔案再寄送。有些人會直接寄送Word檔或Excel檔，但PDF檔案屬於固定格式，能在任何電腦環境下開啟，排版也不會錯亂，所以轉換成PDF檔案才能萬無一失，還能藉此表現自己的IT識讀能力。

②面試篩選

換工作最重要的一環莫過於面試。一般來說，在正式錄用之前，平均會經過2～3次的面試。第一關是由人事負責人面試，接著是部門主管，最後則是總經理。中年求職者通常以一對一面試為主，不太會像是大學畢業生那樣參與集體面試或是進行討論。

最近在新冠疫情的影響下，愈來愈多公司採用線上面試。大部分都是人事負責人進行線上面試，到總經理的面試時才需要前往現場。為了避免在正式面試時失敗，建議大家先熟悉ZOOM或Teams這類視訊軟體。

①第一次面試　人事負責人

②第二次面試　部門主管

③最終面試　總經理

③適性測驗

很多人以為適性測驗是大型企業針對大學畢業生進行的測驗，但其實最近也很常在非常態採用時實施。

適性測驗主要分成2種，一種是用於瞭解求職者個性的「性格測驗」，另一種則是用於瞭解求職者工作能力的「能力測驗」。只要具備一定常識，應該就能順利過關。

若想事前準備的話，可購買一些適合社會人士閱讀的適性測驗對策書籍，每個公司會實施的適性測驗不同，但基本上都不會超過一般常識。

①性格測驗
瞭解應徵者的性格、個人特質等，主要用來確認應徵者與公司的適配性，防止發生用人不當的情況。

②能力測驗
評估應徵者的思考能力、判斷能力，以及其專業知識和一般常識等的知識水平。

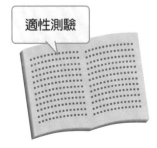
適性測驗

15 如何避免「換錯工作」的情況？

有時候進入新職場後，才會發現「情況跟想像的不一樣」，
在此為大家介紹預防這類情況發生的方法。

待遇與工作內容出乎預料，這其實可以事先預防！

假設你好不容易才爭取到新工作，應該會很開心地在約好的時間去新職場上班對吧？但是，上班沒多久就突然覺得：「咦？怎麼跟當初想的不一樣？」這類實際工作內容與想像不同的情況偶爾會發生。一般人在找工作的時候會拚盡全力，卻很少思考進入新公司之後的事情。

很多事情的確在還沒實際進入公司前都不會知道，縱使先透過網路調查情況，或是在面試時多問一點，抑或請教職涯規劃師，也無法完全掌握實際狀況。就算接受過多次面試以及適性測驗，仍可能發生這種實際工作內容與想像有出入的情況。明明是為了擁有更好的工作與生活才換工作，結果卻遇到最糟糕的人際關係問題，那麼努力換工作便沒有任何意義了。

在換工作的過程中，錄取是換工作的終點，同時也是新職涯的起點。建議大家將這點牢牢記在心裡，再開始尋找新的工作。

工作與想像不一致的主因	
可事先預防的部分	①待遇、福利等 ②工作內容、職涯規劃、任務
無法事先預防的部分	③職場人際關係

POINT 1

①待遇、福利與想像不一致

最容易與想像不一致的部分，就是跟薪資有關的事情。大部分職缺都會抓一個較大的薪資範圍（如：月薪4萬～8萬），然後再依照經驗、年資與能力調整，但大多數情況都是從最低薪資開始，面試官也會問求職者：「能先從月薪4萬開始嗎？」如果無法接受，建議大家試著交涉看看。決定換工作的時候，可告訴對方的人事負責人：「我對這類工作有長年經驗，應該能夠勝任。」說不定對方會願意調整起薪；就算沒辦法調整，至少也能讓對方知道「你很想做這份工作」。

②工作內容、職涯規劃與想像不一致

面試的最後通常會被問到：「還有其他問題嗎？」此時請詢問具體的工作內容。視公司而定，也可以跟對方說：「我希望未來能學會管理，有機會獨當一面。」確認是否有機會達成這個目標。畢竟這只是一個模糊的「夢想」，在第一次面試時確認這點並不會有問題，面試官也會覺得：「這個人已經在思考未來的事情了啊。」而對你留下不錯的印象。

我想培養管理能力，這份工作有機會學到嗎？

③人際關係的問題

老實說，人際關係是最難事先瞭解的。就算是知名優良企業、行政機關的外包廠商，或是福利非常豐厚的公司，若是縱容職權騷擾，仍是最差勁的工作環境。可惜的是，到現在還是有這樣的公司。

如果換工作後，發現人際關係跟想像的不一樣，可以先試著忍耐3年，看有沒有機會調到不同職位，或是被拔擢到其他部門，讓履歷更好看再換工作。

忍耐3年看看吧……

16 圓滿離職的祕訣

成功找到新工作後，有時候卻會因意想不到的情況而不得不放棄，
因此直到最後都不可掉以輕心。

好不容易找到新工作卻告吹？
好好跟家人溝通或圓滿離職吧！

歷經千辛萬苦找到新工作後，收到通知的當下想必心情雀躍，但有時候卻面臨不得不放棄的局面。理由之一就是家人的反對，在日本就有「老婆障礙（嫁ブロック）」這個說法，意即已婚男性常常因為老婆反對而被迫斷了換工作的念頭。

之所以會這樣，通常是因為沒事先跟家人坦白換工作一事。建議大家在換工作前先告知家人，避免在新工作決定後，才因另一半不答應而放棄任職。

此外，如果是「騎驢找馬」時找到新工作，就要試著圓滿地辭職。可以依照法規或公司規範，與上司商量，決定離職日期。

附帶一提，就算是自己製作的資料或檔案，也不能未經告知就私自帶走。任何一間公司都不會允許這類事情發生，這麼做很可能會被處罰，弄得不好甚至會鬧上法庭。屆時不僅領不到離職津貼，還可能讓新工作告吹。

辭職前的不安與對策		
可能遇到的不安	造成不安的因素	對策
① 薪資、福利等待遇上的變化	待遇變差，可能會付不出房貸、小孩教養費或父母看護費，使生活水準下滑，要特別注意。	先算出實際支出，再確定換工作後的收入，然後與家人分享最糟的情況。如果換工作後有機會增加收入，也可以先跟家人說明。
② 上班地點改變，造成生活環境改變	有時候得配合新工作或新職務搬家，使當下的生活出現大變動，造成開支增加。	告訴家人這份新工作哪裡值得搬家，或是跟家人討論是否要隻身到遠處上班就好。
③ 變得需要加班或假日上班	長工時會造成身心疲倦，或是與家人作息不同而失去相處時間。	告訴家人，這是為了職涯規劃才換工作，所以就算工作方式不理想，也想做這份有成就感的工作。

POINT 1

確認工作規則

　　找到新工作後，還有後續要處理的事情，那就是圓滿地辭掉現在的工作。這一步相當重要，必須先確認好與離職有關的工作規則。

　　基本上，只要根據法規辭職，與直屬上司討論具體離職日期即可。

因個人理由辭職

勞動基準法〈第16條第1項〉：繼續工作3個月以上1年未滿者，於10日前預告之。繼續工作1年以上3年未滿者，於20日前預告之。繼續工作3年以上者，於30日前預告之。

準備離職時，必須先確認公司規範

☐ **因個人因素申請離職的日期**
（必須在正式離職的幾天前提出申請？）

☐ **禁止擅自帶出公司內部資訊以及機密**
（哪些事情不能做？）

☐ **交接事項與相關規範**
（是否必須交接）

☐ **相關罰則**
（違反轉職規定時，是否會被處罰？）

POINT 2

圓滿辭職的祕訣
就是誠心誠意地處理好事情

　　決定辭職後，應該把手頭上的工作處理到告一段落為止，千萬不能半途而廢，到最後都要負起責任。

　　其次是交接。除了口頭告知接手的人，還可以寫成白紙黑字，確實地完成交接。

　　再者是在辭職當天與同事打招呼。感謝曾經照顧你的人，是社會人士應有的禮儀。

　　最後是不要批評。這對還留在公司的同事來說沒有半點好處，也不會覺得開心。總而言之，圓滿辭職的祕訣在於「揮揮衣袖，不留下半點雲彩」。

圓滿離職的確認事項

☐ **手頭上的工作是否告一段落**

☐ **是否正確且適當地將工作交接給接手的人**

☐ **是否向上司、部下與同事打過招呼，感謝他們的照顧**

※ 至於特休的部分，若能全部用完當然是再理想不過的事，但建議在上述離職事項都完成後，再討論特休的事。

瞭解「真正公司文化」的
5個祕訣

　　在找新工作的時候,企業真正的「公司文化」也是必須考慮的因素之一。尤其對中年求職者來說,這很可能是最後一次換工作,所以一定要仔細確認這點。接下來就要向各位介紹5個瞭解公司文化的祕訣。

①使用網站:**轉職口碑網站是最能瞭解公司文化的工具**,但有時候會看到某些辭職者為了報復而寫的內容,所以得確認這些內容的可信度。

②善用人脈:利用自己的人脈或是「LinkedIn」這類商業社**群媒體,與實際在該公司上班的人接觸**。他們的實際感受是非常有價值的資訊。

③請教人力仲介公司:人力仲介公司擁有大量資訊,但要注意的是,他們為了做生意,可能會有些偏頗。

④在企業周邊觀察:到公司附近觀察員工的動向或是服裝,**有機會間接瞭解公司文化**。

⑤在面試的時候詢問:可以直接詢問面試官公司文化。不過,面試官基於立場,通常只會回答制式的內容,只能僅供參考。

　　利用上述方法應該就能得到更正確的資訊。挑選跳槽的企業非常重要,請謹慎地綜合評估吧。

CHAPTER
3

撰寫履歷與
職涯經歷表的祕訣

17 撰寫履歷時，不要「標新立異」

撰寫履歷的時候，只要內容不超過合理範圍、確實寫好資訊就沒問題了。本節就來介紹一些寫得不夠正式的情況。

中年求職者
常有的疑惑

基本上，填寫履歷的時候，只要在空格處填入適當的資料即可。但我聽過不少客戶表示，有許多書籍或網路資訊教人怎麼寫履歷，反而讓人更不知道該怎麼寫才正確。在此建議大家不要在履歷中塞太多資料，本著初心、以理所當然的常識寫好即可。

比方說，「學歷該寫到高中還是國中？」「工作經歷要寫到多細？」如果不知道該怎麼寫，以常識判斷即可。

不過一陣子沒寫履歷或職涯經歷表

的話，心中難免會浮現疑問：「這樣寫就可以了嗎？」此時請試著問問自己：「這個答案很顯而易見嗎？」或是「這有基本規則嗎？」

比方說，「將股份有限公司簡寫成（股）可以嗎？」這當然不行，這個問題就有明確的答案；至於有基本規則的問題，指的是「學歷該回溯到哪裡」這類問題。右頁整理了求職者常見的問題，還請大家仔細閱讀。

常見的疑問

撰寫履歷或職涯經歷表這類必要書面資料時，中年求職者常問的三大問題。

①工作經歷該回溯到什麼時候？
②該使用民國紀年還是西元紀年？
③工作經歷該寫到多細？

POINT 1

掌握基本規則
再進行個案判斷

基本上,中年求職者都有很長的社會經驗,所以只要根據常識填寫,應該都不會有問題。

不過,職涯再長,有時還是會在填寫履歷或職涯經歷表時產生「這樣寫對嗎?」的疑問。請大家一起確認下列常見的問題與回答吧。

有正確答案的問題

常見問題	回答
可以使用(股)或「〃」這類簡寫符號嗎?	不管什麼情況都不能使用,因為簡寫符號並不合禮儀。
該使用民國紀年還是西元紀年?	請根據職缺的內容使用,但絕對不能混用。

雖然有些問題有制式答案,但有時還是需要調整寫法

常見問題	回答
學歷該回溯到什麼時候?	·基本上,從哪個學歷開始寫都可以。愈來愈多中年求職者只寫最終學歷,所以配合表單格式填寫即可。 ·如果換工作、換部門的次數不多,學歷或工作經歷的欄位空空的,可以回溯到比較之前的學歷,讓履歷看起來有內容一點。 ·如果是應徵在地企業,連國中、國小都寫出來,或許能成為彼此的共通之處。
可以只在工作經歷欄位填寫「入職」與「辭職」嗎?	·雖然這樣寫沒錯,但可能過於單調,建議大家可以補充部門、工作內容這類資料。要注意的是,如果常常換工作,就不要寫太多,以免讓面試官不知道該從何看起,因而留下不好的印象。

18 利用電腦製作書面資料時，表單格式會影響錄取與否

在過去，履歷都以手寫為主，但現在的主流是以電腦製作。
中年求職者若能選擇適當的表單，就更有機會通過書面審查這一關。

現在都是用電腦完成履歷，選擇適合中年求職者的格式吧！

現在都是以電腦製作履歷，除非企業指定手寫，否則都用電腦完成履歷吧！首先，可利用下列2種模式開始製作。

①常見的履歷表單
②自製履歷格式，再搭配職涯經歷表

如果選擇模式①，網路上有許多Excel檔的履歷表單，而且很多都能免費下載。這類表單也可以隨意調整版面，不過要注意一些重點，詳細說明請見下方解說。

如果是英文等國外履歷，就建議選擇模式②。要注意的是，有些企業不喜歡求職者自行設計履歷。尤其是日本公司較為保守，人事部門不一定會接受與傳統格式不同的履歷，更不會接受沒有大頭照。

日本大部分公司比較重視的是中年求職者的職涯經歷表，所以不太需要在履歷上冒險。

調整版面的注意事項

○注意框線是否移位，或是套用到不同行距，導致版面失去一致性。

○不要刪除自以為不需要填寫的欄位，那些可能是人事負責人想知道的資訊。

○不要為了塞更多資料而縮小字體，變得難以閱讀。

POINT 1

不太建議使用國家或
公家機關製作的履歷表

　　勞動部勞動力發展署的中文履歷範例中，會有社團經歷、家庭介紹、興趣等項目，但這其實並不太適合中年求職者使用。

　　對於人事負責人來說，看到40～

50幾歲的成年人還在寫「高中時喜歡國文科」，只會覺得好氣又好笑，所以千萬不要覺得使用國家推薦的履歷格式就沒問題，還是要選擇適合自己的履歷表比較好。

POINT 2

履歷的好壞差在哪裡？

　　履歷的好壞，主要差在職涯經歷的份量與細節。好的履歷會寫得恰到好處，內容也很充實；不好的履歷則通常只寫了入職與離職資訊，留下大片醒目的空白。

　　假設換工作的次數不多，建議在寫

上入職與離職後，補充隸屬部門、升遷時間點、曾參與的專案等等。

　　反之，如果太常換工作，則可以只填寫入職與離職的資料，再填入想要強調的實績或工作資歷，就能完成一份內容均衡的履歷，讓面試官留下好印象。

NG 履歷

年	月	工作經歷
民國91	9	入職 Flame light 股份有限公司
民國98	6	離開 Flame light 股份有限公司
民國102	11	入職數位文藝復興股份有限公司
		直到現在
		以上

OK 履歷

年	月	工作經歷
2002	9	入職 Flame light 股份有限公司（正職員工）
		隸屬於新北分公司第二業務部中和營業所
		負責在中和區內推廣個人行動電話業務
2006	10	調任至新北分公司第一業務部板橋總部
		負責管理新北市各營業所
		升職為經理助理（2008年9月）
2009	6	因個人因素離開上述公司
2013	11	入職數位文藝復興股份有限公司
		隸屬於雲端解決方案部門第一開發部
		負責開發與推廣新的雲端服務
		擔任該專案的負責人
		直到現在
		以上

電腦版履歷表範例（M&A Consulting Original）

履 歷 表

　　　　年　　月　　日現在

照片黏貼處

建議格式：
1. 2吋
　（3.5cm x 4.5cm）
2. 胸口以上的證件照

姓名		

年	月	日生	（滿　歲）	※ 男・女

戶籍地址（郵遞區號　　　）

行動電話

通訊地址（郵遞區號　　　）　　　　　　（戶籍地址與通訊地址不同再填寫即可）

電子信箱

年	月	學　　歷

年	月	工　作　經　歷

年	月	獎　　　懲

年	月	駕　照　、　證　照　、　專　業　技　能

其他特別事項

自我介紹	應徵職務
	希望上班地點
	目前薪資
	期望薪資
轉職理由（離職理由）	可上班日
	興趣
應徵動機	專長
	運動
	健康狀態

備註（若有期望的薪資、上班時間、上班地點可在此填寫）	通勤時間 　約　　　小時　　　分鐘
	扶養人數（配偶除外） 　　　　　　　　　　　　人
	配偶　　　　　　｜扶養配偶義務 ※　有、無　　　｜※　有、無

面試者填寫欄位（求職者無須填寫）

接下來，本書會利用這個履歷格式進行說明。

NG！不夠完善的履歷範例

履 歷 表

2023 年　　9 月　　10 日現在

照片黏貼處

建議格式：
1. 2吋
　（3.5cm x 4.5cm）
2. 胸口以上的證件照

姓名

王 小明

民國72年　　2月　　15日生　　（滿40歲）　※ ⑨·女

戶籍地址（郵遞區號　　　　）

行動電話
0901-234-567

新北市板橋區和平路111巷1號5樓

通訊地址（郵遞區號　　　　）　　　　（戶籍地址與通訊地址不同再填寫即可）　電子信箱

年	月	學　　　歷
2001	6	新北市立板橋高中畢業
2001	9	板橋大學 經濟系入學
2005	6	板橋大學 經濟系畢業
年	月	工 作 經 歷
2005	7	入職Empire股份有限公司
2015	6	離開Empire股份有限公司
2015	7	入職SoLARIS Techlogies股份有限公司
		直至現在
		以上

年	月	獎　　　　懲
		無
年	月	駕 照 、 證 照 、 專 業 技 能
2001	8	取得汽車駕照
2003	8	取得對外華語教學能力認證證照
2008	4	取得IT資訊科技專家認證證照
2011	12	取得不動產經紀人證照
2019	2	取得資料分析師證照

其他特別事項

自我介紹

雖然我在社會上的經歷還不夠深，但我的上進心不會輸給任何人，還請多多指教。

轉職理由（離職理由）

前一份工作太常假日上班，導致身體出狀況，而且薪水也很低，與上司的意見也不合，所以為了改變環境而決定換工作。

應徵動機

上班時間較短，所以選擇這間公司。此外，朋友也在這間公司上班，聽他說這裡的薪水不錯，人際關係也很友善，所以應徵貴公司。

應徵職務
　　　　系統開發

希望上班地點
　　　　新北市板橋區

目前薪資
　　　　年收100萬

期望薪資
　　　　與現職相同

可上班日
　　　一經錄取可立刻上班

興趣
　　　　欣賞音樂

專長
　　　　彈吉他

運動
　　　　慢跑

健康狀態
　　　　良好

備註（若有期望的薪資、上班時間、上班地點可在此填寫）

通勤時間
　　約　　小時　　分鐘

扶養人數（配偶除外）
　　　　　　　　2人

配偶
　　※ 有、無

扶養配偶義務
　　※ 有、無

面試者填寫欄位（求職者無須填寫）

OK！會讓人想請來面試的履歷範例

履 歷 表

2023 年 　9 月 　10 日現在

照片黏貼處

建議格式：
1. 2吋
（3.5cm x 4.5cm）
2. 胸口以上的證件照

姓名

王 小明

1983 年　2 月　15 日生　（滿 40 歲）　※ 男・女

戶籍地址（郵遞區號 220●● ）

新北市板橋區和平路111巷1號5樓

通訊地址（郵遞區號　　　）　　　　　　（戶籍地址與通訊地址不同再填寫即可）

行動電話
0901-234-567

電子信箱
xiaoming215@example.com

年	月	學　　歷
2001	6	新北市立板橋高中畢業
2001	9	板橋大學 經濟系入學
2005	6	板橋大學 經濟系畢業

年	月	工 作 經 歷
2005	7	入職Empire股份有限公司，隸屬數位事業部業務第一課
		‧被指派負責與數位事業相關的新客戶。
		‧負責與主要客戶維持良好關係。
		‧與客戶一起執行專案，成功推動數位行銷專案。
2009	1	調任至消費者事業部企劃開發第二課
		‧負責企劃與開發新商品，一手包辦市場調查到產品發表的流程。
		‧擔任跨部門專案小組負責人，擬定與執行讓產品進入市場的策略，並大獲成功。
		‧促進多部門合作，提出業務改善計畫，讓各部門達成相同目標。
2015	6	因個人原因離開Empire股份有限公司
2015	7	入職SoLARIS Techlogies股份有限公司，隸屬AI技術事業部系統開發第三課
		‧主導AI技術的研究與開發，協助公司內外的專案應用AI技術。
		‧與客戶一起研發，提供以AI解決商務問題的方案。
		‧實施與指導公司內部資料應用研修課程。
		直至現在
		以上

年	月	獎　　　懲
		無
年	月	駕　照　、　證　照　、　專　業　技　能
2001	8	取得小客車駕照
2003	8	取得對外華語教學能力認證證照
2008	4	取得IT資訊科技專家認證證照
2011	12	取得不動產經紀人證照
2019	2	取得資料分析師證照

其他特別事項

自我介紹

在取得不同領域的證照之後，我學到許多能於各業界使用的知識。除了具備溝通能力之外，也以團隊合作為重。喜歡學習新事物，並且擁有良好的適應能力。

轉職理由（離職理由）

我在前一份工作學到不少經驗與知識，但希望進一步參與技術領域的工作，因此希望有機會加入貴公司。期望挑戰新領域的同時，活用前一份工作所學到的經驗。

應徵動機

貴公司的先進技術得到業界一致好評，我也希望活用自身技術，為貴公司創造新的價值。

應徵職務	專案管理師
希望上班地點	新北市板橋區
目前薪資	年收120萬
期望薪資	與現職相同
可上班日	錄取後，一個半月～兩個月可上班
興趣	攝影、讀書
專長	即興鋼琴演奏
運動	網球
健康狀態	良好

備註（若有期望的薪資、上班時間、上班地點可在此填寫）

通勤時間	約　　　小時　　　分鐘
	3人
配偶　　※ 有、無	扶養配偶義務　　※ 有、無

面試者填寫欄位（求職者無須填寫）

19

填寫履歷的祕訣／【個人資訊①】
統一採用民國或西元紀年

個人資訊欄位雖然只要如實填寫就好，但其實仍有一些意外的陷阱，還是要多加注意。讓我們一起檢查細節吧！

大部分的人都會不小心混用！
一定要統一紀年格式

基本上，個人資訊欄位只要照實填寫，就不會有什麼問題。但是，正因為每個人都會寫，一旦寫得不好就可能留下不好的印象，所以千萬不要寫錯。接下來，我就來介紹一些常見的錯誤。

【1】 年月日	①實際填寫的年月日 ②繳交資料的年月日 原則上，是填寫繳交履歷的時間，但①與②的時間通常不會差太久，所以寫哪個時間都可以。
【2】 民國、西元	比年月日更重要的是學歷、工作經歷、駕照、證照這些欄位的紀年是否統一。有些人在填寫學歷或工作經歷時使用民國紀年，卻在填寫駕照、證照時使用西元紀年，人事負責人可是絕對不會放過這類錯誤的，所以為了避免留下不好的印象，在這部分需要多加注意。
【3】 地址、電話、 電子信箱等 連絡方式	地址要以正式的格式填寫，並加上郵遞區號，尤其要注意簡式標記。比方說，「220-2號」這類連字號連結的應該寫成「220之2號」、「5F」應該寫成「5樓」，若有大樓名稱也不要省略。附帶一提，通訊地址必須要是能收信的，電話號碼可以只寫行動電話的號碼，電子信箱要填寫能立刻收到通知的信箱。

POINT 1

個人資訊
填寫範例

　　填寫履歷上的個人資訊時，很多人會在年月日、生日、工作經歷、學歷、證照的欄位，混用民國紀年與西元紀年，請大家務必統一標記方式。

　　此外，地址要記得寫上郵遞區號。通訊地址和戶籍地址一樣的話，可以保持空白。

年月日、生日的紀年
一定要統一。

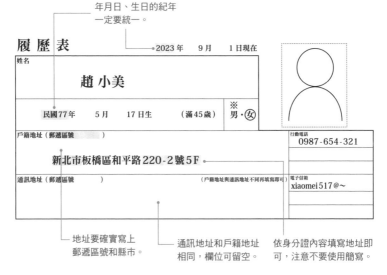

NG

地址要確實寫上
郵遞區號和縣市。

通訊地址和戶籍地址
相同，欄位可留空。

依身分證內容填寫地址即
可，注意不要使用簡寫。

OK

20 填寫履歷的祕訣／【個人資訊②】電子信箱、學歷等資料

早期的履歷沒有電子信箱欄位，但是大家有注意到在戶籍地址下方的「通訊地址」欄位嗎？

電子信箱與通訊地址欄位的意義

位於戶籍地址欄位下方的「通訊地址」欄位，其實是用來填寫戶籍地址以外的聯絡方式。比方說，在老家彰化縣投了履歷，之後卻會待在新北市，這時就要在通訊地址欄位上填寫新北市的地址資訊。

至於電子信箱的部分，本書提供的履歷範例有獨立欄位，但有些履歷沒有，此時也可寫在通訊地址欄位。

此外，不要填寫現職公司的電子信箱，而是要填寫個人使用的電子信箱，而且最好是準備專門用來應徵工作的帳號。之前會有「不要使用 Gmail 或 Yahoo 等免費信箱」的說法，不過近年來使用這類免費信箱已成為主流，所以請為了換工作準備新的電子信箱吧。

電子信箱的 NG 範例

○ **sweet-maronchan@ ～**
○ **harapeko.everyday@ ～**
○ **killer 1234 @ ～**

「5 gip CHIpwg 8 F 3 Gv 303 k 4 @～」這種直接使用預設值的電子信箱會讓人很難閱讀，所以最好另外申請一個能讓人事負責人留下好印象的電子信箱。比方說，姓名加上幾個數字就是不錯的選擇，而且也能長長久久地使用。

POINT 1

讓人留下好印象的
學歷欄位填寫方式

很多人在填寫學歷欄位時，都不知道該回溯到多久以前。其實填寫學歷的重點在於寫出能顯示「優勢」的學歷，以及不要多到超過工作經歷。

如果應徵的是地區型報社或是地區企業，填寫在地高中就能成為亮點；如果應徵的是在地企業，那麼國中、小學或許也能成為賣點。

填寫範例

年	月	學　　歷
1996	6	台北市立大安高工 資訊科 畢業
1996	9	台北大學 電機資訊學院 資訊工程學系 入學
2000	6	台北大學 電機資訊學院 資訊工程學系 畢業

如果是大學畢業，要連學院與學系一併填寫。如果是高中畢業，直接寫校名就可以了，高職、五專等職業學校則要加上科系。

POINT 2

如果不只讀過一所大學，
該怎麼填寫？

若是曾經從大學退學、讀過研究所，抑或不只讀過一所大學或研究所，基本上以新學歷優先。不過，心中有比較偏好的大學，也可以調整順序。

比方說，從名牌大學退學，然後花了幾年從空中大學畢業的話，最終學歷應該會是空中大學。此時若想強調自己曾考上名牌大學，當然可以填寫曾經從名牌大學退學的經歷，以及空中大學的學歷。

兩邊都寫

○**政治大學法律學系畢業**
○**空中大學
　管理與資訊學系畢業**

只寫優秀的學歷

○**政治大學法律學系肄業**

21 工作經歷 寫太多或太少都不好

工作經歷不能寫太多或太少。不管換過幾次工作，
都要試著調整內容的份量。

工作經歷是最重要的部分，要好好發揮自薦的功能

工作經歷是人事負責人最想瞭解的部分，所以不管是哪種格式的履歷，工作經歷的欄位一定都占非常大。中年求職者進入社會一段時間，通常都擁有很長的職涯，只是有些人會常換跑道，有些人則是在同一間公司待很久。

不管是哪種情況，在填寫工作經歷時，切記要掌握適當的份量。如果只待過一間公司，可填寫的工作經歷就會很少，可能讓人事負責人誤以為你沒有很想換工作。人事負責人會希望透過時間

順序，瞭解應徵者在過去工作中做了哪些事、擁有哪些能力。若是沒換過多少工作，可試著填寫自己隸屬的部門，或是曾經從事哪些業務與專案，在當下擔任什麼職務，讓人事負責人更瞭解你。

話雖如此，寫太多工作經歷也不行。中年求職者最常犯的錯誤就是覺得「非得好好宣傳自己不行」，然後一口氣寫出一大堆經歷。建議大家適當地宣傳重點經歷就好，並請記得工作經歷欄位能展現出你的文書與簡報能力。

POINT 1

工作經歷欄位的資訊太少

在同一間公司做了 20 多年，工作經歷自然不多。

此時可試著填寫在哪個部門做了哪些事情，以及擔任過什麼職位。

年	月	工作經歷
1998	7	入職 Nextep Solutions 股份有限公司
2023	8	離開 Nextep Solutions 股份有限公司
		以上

POINT 2

資訊太多
也不行

　　中年求職者常犯的錯誤之一就是寫太多工作經歷，而且寫得太仔細。不過，寫得太少又無法讓對方知道你是怎樣的人，所以拿捏份量非常重要。

　　人事負責人想知道的是，過去到現在你做了哪些事情。他們不只想知道你何時進入前公司、何時離開前公司，也想知道你在前公司做過什麼，所以請寫得簡潔一點，方便人事負責人瞭解。

　　要注意的是，寫得太仔細可能會讓對方覺得你不太懂寫作技巧。這充其量是工作經歷欄位，所以請填寫方便人事負責人掌握整體的資訊就好。

NG！這就是寫太多的情況

年	月	工作經歷
1998	7	入職 Nextep Solution 股份有限公司
		事業內容：開發、銷售業務系統　資本額：1億　員工：1,200名
		進入公司後，隸屬於台北總公司業務部第一課
		負責開發新客戶，並與舊客戶維持關係
2001	7	調至板橋分公司業務部第二課
		負責管理新北市地區的主要帳號，以及推動爭取新客戶的專案
		工作的九成是負責開發新客戶，剩下的一成為照顧舊客戶
2004	7	調至台中營業所系統開發部第一課
		與業務部合作，負責開發中部地區的客戶系統
		利用業務部的經驗，從客戶的角度管理系統的開發過程
2007	8	調到永康分公司人事部第二課
		負責台南地區的徵才活動與實施研修課程
		因具有在業務部與系統開發部培養人才的經驗，調到人事部
2010	7	調到台北總公司經營企業部第一課
		回到總公司，參與以全公司角度訂立中長期策略以及創立新事業
2014	10	調到宜蘭營業所技術研究部第二課
		負責新開發的東北地區的技術研究
		讓新技術得以啟用與付諸實用
2016	9	升遷至宜蘭營業所營業部長
2023	8	離開 Nextep Solution 股份有限公司

資訊太多會讓人看不出重點，也很難讀完，記得盡量避開這個問題喔！

22 不甚理想的離職理由

中年求職者一定會被問換工作的理由。在此要介紹一些不太理想的回答範例，請大家做好事前準備，才能好好回答這類問題。

一定會被問到的離職理由

中年求職者在換工作時，一定會被問到離職的理由。這當然是在問離職的正當性與合理性，所以建議大家先替「為什麼要換工作」這個問題想好答案。

比方說，假設10年前你還年輕的時候，因「覺得自己不適合這份工作」而離職，或許還能用「當年血氣方剛」來說服人是負責人。但若是過去幾年，你都以一樣的理由離職，人事負責人只會對你留下不好的印象。

不論如何，一定會被問到離職的理由，所以最好先準備好答案。

另一方面，如果是因人際關係的糾紛而離職，則記得寫「因個人因素離職」就好。若是強調「錯的不是我，是公司」，反會留下不好的印象，對方也會覺得：「只是因為這種理由就離職？」說不定還會跟你說：「我們公司的情況可能更糟喔。」為了避免演變成這種情況，建議大家寫得簡單一點就好。

| NG 範例 |

年	月	工作經歷
2004	7	入職太平建設股份有限公司
		～
2020	6	離開太平建設股份有限公司

只寫「離開○○公司」的話，無法看出辭職理由，人事負責人會感到困惑。

POINT 1

因為公司因素離職的話，
要寫得具體一點（包括被裁員）

有時候是因為公司的情況才離職，例如：公司倒閉、公司換地點後無法通勤上班、被資遣等，此時要強調這些被迫換工作的理由。

尤其是公司倒閉或單位撤除的情況，更要寫得具體一點。

此外，有些人覺得被裁員會留下負面印象，但現在已是大企業隨時都在裁員的時代，所以照實地寫「因為公司經營不善，削減人力而離職」，反而能夠留下好印象。

OK範例　被迫離職的情況

年	月	工作經歷
2004	7	入職太平建設股份有限公司
		〜
2020	6	因為單位撤除而離職

公司倒閉或是單位撤除都屬於不可抗力因素，寫得具體一點，反而能說服人事負責人。

OK範例　照實寫會不利自己的情況

年	月	工作經歷
2004	7	入職太平建設股份有限公司
		〜
2020	6	因個人因素離職

因為個人因素而離職時，千萬不要提到是因為人際關係或薪資而離職，否則有可能留下負面印象，寫得簡單一點就好。

23 獎懲、駕照、證照、專業技能的寫法

很多人不知道該怎麼填寫獎懲、駕照、證照、專業技能的欄位。近年來，很少人事負責人在面試時問這些，所以有些履歷也已刪除這類欄位。

獎懲欄位該寫什麼才好？
有些履歷直接刪除了這個欄位

「獎懲」的「獎」代表曾經獲頒什麼獎項，或是曾因什麼事被表揚；「懲」則是指是否觸犯過刑法、留下前科。大部分的人應該都會在這個欄位填入「無」吧。「獎」的部分通常要填寫知名度較高的獎項，或是參與國際活動得到的獎項。如果是在公司得到的獎，或是業績第一名這類獎項，可寫在工作經歷欄位，或是自我介紹欄位。

至於「懲」的部分，超速、亂停車這類違規行為不太需要特別提出，但如果是酒駕、無照駕駛等比較嚴重的「紅單」，不寫的話可能會被認為是謊報經歷。不過，最近很少公司會問這類事情，也不是什麼必要事項，所以就算刪除這個欄位也無傷大雅。

填寫駕照、證照、專業技能的注意事項

在填寫駕照、證照以及專業技能時，有2個注意事項。
①是否符合職缺需求
②避免沒有相關證照，又強調之後會取得

以①的情況而言，如果為了強調自己是個認真的人而列出一大堆證照，有時候反而會弄巧成拙。比方說，你明明應徵的是製造商的會計工作，卻強調自己取得了「不動產經紀人」的證照，只會讓人事負責人擔心：「你是不是打算去不動產業界上班？」此外，若是強調自己正在準備稅務士這類與會計有關的證照，人事負責人可能會覺得：「你只是來我們公司過個水，把我們公司當跳板而已。」因此建議大家在填寫這部分的內容時，試著站在人事負責人的立場思考。

以②的情況來說，填寫「打算明年4月參加稅務士證照考試」這種內容也有點危險，這會讓人事負責人覺得：「都過40歲了，還想讓自己看起來很厲害啊……」與其虛張聲勢，還不如勇敢一點，讓這個欄位保持空白吧。

POINT 1

中年求職者常見錯誤
（以應徵會計職缺為例）

讓我們模擬一下應徵會計職缺的情況。下列範例包含了提到與會計無關的證照，以及與會計有關、但不太適合強調的證照。請大家在填寫履歷時，參考這個具體範例。

柔道初段、英檢證照與
會計職缺有關係嗎？

會計丙級、理財規劃人員證照雖
然與會計有關，但以程度而言能
成為「賣點」嗎？

年	月	駕照、證照、專業技能
1998	4	取得柔道初段 ①
2005	3	取得會計丙級 ②
2008	5	取得全民英檢初級 ①
2016	6	取得理財規劃人員證照 ②
2019	2	取得財務報告實務檢定 ③
2020	8	取得TOEIC 520分 ④
其他特別事項		
正打算考取稅務士證照 ⑤		

可以提到目前正在準備的證
照，但之後有可能被要求要
考過。

提到不太知名的非國家證
照，有可能弄巧成拙。

TOEIC至少要考到600分以上。

「轉職／離職理由」的寫法

24

離職的理由千百種，而這有時候就成了能否成功換工作的分水嶺。這節就來告訴大家，哪些理由能提升換工作的成功率吧。

百分之百會被問到離職理由，建議具體而積極地回答這個問題

離職理由是人事負責人必問的問題，因為這正是他們最想知道的答案之一。尤其在書面篩選階段，人事負責人更是相當看重這部分。因為從離職理由就能看出你是不是一個「有責任感」或「誠實、值得信賴」的人，可以一窺你的個性與待人處世的方法。

因此，本書的履歷格式給離職理由留下了足夠的版面。只要寫得夠具體，而且是能夠接受的理由，被錄取的機會就會瞬間增加不少，所以千萬不要讓這個欄位留白，也不要寫什麼「為了個人的職涯規劃」等抽象理由。至於「從大

學畢業之後，就一直想進入貴公司服務，現在總算有機會了」這種理由，雖然不太適合中年求職者，但勉強可以過關，有時候甚至會讓人覺得你很有熱情，反而留下不錯的印象。

此外，也不要提到對前一份工作的不滿，或是說前一份工作的壞話。為了美化自己而狠狠地踩前公司一腳，是很沒意義的事情，也真的沒必要這麼做。雖然現在中年求職市場很熱絡，但還是要讓人事負責人知道你的情況很緊急，是抱著背水一戰的決心換工作的。

POINT 1

不接受調職而離職

如果是因為公司調職而不得已辭職，
就可以稍微提到一點負面內容。

OK範例①

在過去20年裡，我一直都從事業務方面的工作，但沒想到在去年年底，突然被暗示將調任至市場調查部。我雖然向公司提出想繼續累積業務方面的職

涯，但公司已決定這次的調動，而且3年之內都無法回到業務崗位上。為了保持業務技能的敏銳度，我在人事異通公告前，便先行向公司提出了辭呈。

因為裁員而離職

從公司的情況預測自己有可能被裁員而離職，算是換工作的正當理由。

不需要硬逼自己說一些樂觀的話，老實地說出自己的心情，反而能留下好印象。

OK範例②

在新冠疫情爆發後，主要的生意夥伴遭受嚴重打擊，我的業績也比前一年少了70％左右，算是遇到相當危急的狀況。除此之外，公司開始大幅度裁員，身邊有不少一路支持公司成長的同事都陸續離開，我也很擔心下一個會不會輪到自己。在這種情況下，實在很難維持工作動力，所以打算暫時停下腳步、轉換跑道，因此向公司提出辭呈。

乾脆換工作好了……

錄取後被分配到的部門與面試時說的不同

如果是因為錄取之後，才發現與面試時說的部門不一樣，

那麼就算不到1年就換工作，只要如實向人事負責人說明箇中隱情，

對方應該就能接受。

OK範例③

錄取前一份工作的時候，本以為自己準備擔任中階管理職，沒想到第一年只被分配到一般員工的職務，公司也直接了當地說，幾年後才有機會升上管理職。最初我是為了培養管理能力，才選擇這份工作，所以覺得再這樣下去只是浪費時間，便向公司提出了辭呈。

中階管理職

第一線員工

25 寫出理想的「自我介紹」與「應徵動機」

自我介紹與應徵動機是唯二能表現出工作熱情的項目。
不要寫那些陳腔濫調，用自己的話向公司介紹自己吧。

用自己的話寫出具體理由，就能展現對工作的熱情

履歷的自我介紹就是寫在職涯經歷表的自我介紹摘要，但是千萬不要只寫「詳情請參考職涯經歷表」。話雖如此，也不需要全部改寫，只要濃縮職涯經歷表上的自我介紹，在履歷上以自我簡介的形式呈現即可。

至於應徵動機，則是唯一可以強調「為什麼無論如何都想進入貴公司上班」的欄位，所以要用心填寫。

應徵動機請提到下列兩點。

①為什麼應徵這間公司的這個職務
②錄取後，自己能夠做什麼、提供哪些貢獻

一說到讓對方感受你的熱情，很多人都會寫成「我會加油的！」這種抽象內容。請大家千萬不要寫成下列這種過於抽象的自我介紹。

POINT 1

避免寫成過於抽象的自我介紹

不要只是改寫網路上的範本，
而是要以自己的話寫出對工作的熱情。

> **NG 範例**

我對貴公司的理念「贏得在地社群的信賴與持續成長」深有同感，很希望有機會為對社會做出貢獻的貴公司貢獻一己之力，所以下定決心應徵貴公司。

POINT **2**

利用充滿熱情的詞彙
具體陳述應徵的理由

根據自己的業務經驗，具體而簡潔地說明前述2點應徵動機，是寫出優質內容的祕訣。盡可能不要寫得太過抽象，也不要寫成能於每間公司使用的內容。一定要用自己的話，寫出與對方公司有關的內容。

OK範例①

我相信，我在激烈競爭中培養出的不動產業務能力與經驗，能在貴公司盡情發揮，因為我十分認同貴公司重視結果的企業文化。

我知道貴公司長年累積了具有公信力的品牌形象，但我相信我能成為確實創造業績的業務員，而不會只是依賴貴公司的招牌，因此決定應徵貴公司。

OK範例②

貴公司與我前一份工作屬於相同業界，而且企業規模也相當，所以我認為能在貴公司徹底發揮這15年來累積的會計經驗與技巧。我原本想在前一間公司奉獻自己的人生，但遺憾的是前公司倒閉了。貴公司的穩步成長深深吸引了我，我由衷希望能在如此令人安心的職場，發揮我高效率而準確的工作能力，為貴公司的發展盡一己之力。

OK範例③

我已在食品業界待了20年，所以非常明白貴公司在過去40年守住市占率龍頭寶座是多麼了不起的事情，也覺得貴公司是非常特別的公司。

我非常佩服貴公司不斷催生熱銷商品的產品開發能力。過去這10年，我一直都從事商品開發領域，前幾年熱賣的△△商品便是由我負責。我希望在長年嚮往的貴公司發揮這些經驗與能力，這就是我應徵貴公司的理由。

26 填寫其他欄位時也不能掉以輕心

其他欄位很容易被忽略，但人事負責人都會看過一遍。
請讓人事負責人知道你是個會把所有欄位都寫得很完整的人。

絕對不能留下空白欄位！
可利用一些細節宣傳自己

　　本書的履歷格式具有應徵職務、希望上班地點、目前（前份工作）薪資、期望薪資、可上班日、興趣、專長、運動、健康狀態等欄位。由於這些欄位的空間都不大，所以得盡可能寫一些簡單易懂的重點。要注意的是，別因為不知道該怎麼寫或是沒什麼可寫的就讓欄位留白，而是要盡量填滿所有欄位。

應徵職務	根據企業開出的職缺，填寫正確的職務。 ●填寫範例 財務管理的會計部門 ●重點 正確而仔細地填寫職缺資訊。
希望上班地點	比起寫「沒有特別要求」，不如寫「配合公司需求」或是「可於全國各地上班」，會更為理想。 ●填寫範例 可依貴公司職缺刊載的上班地點 ●重點 雖然這裡寫的是「希望」的上班地點，但盡可能不要想到哪裡就寫哪裡。
目前薪資	決定錄取時，有些公司會請你提出前公司的薪資單，所以要如實報告，不能謊報。 ●填寫範例 年收約100萬 ●重點 如實填寫金額。

期望薪資	這個欄位有時會是「期望待遇」；如果明確提到「期望薪資」，或是希望得到一定金額以上的薪資，可直接填寫數字。不知道該寫多少，就填寫「依公司決定」，不一定要填寫具體的數字。 ●填寫範例 配合貴公司的規定 ●重點 沒有特別堅持的話，就填寫制式的回答。
可上班日	如果現在是失業狀態，可填寫「可立刻上班」或是「隨時可以上班」。如果還沒離職，則可先想想完成交接及離職手續需要多少天，算出可上班的日期，再如實填寫。 ●填寫範例 錄取後，約一個月 ●重點 盡可能填寫最短的日期。
興趣	填寫讀書、聽音樂、看電影這類常見的興趣即可，不需要特別假裝自己有很厲害的興趣。 ●填寫範例 讀書（每個月大概讀10本書，最近讀的是有關各國歷史的主題） ●重點 具體寫出從事該興趣的頻率或是主題，能讓對方更瞭解你的興趣。
專長	最好填寫與工作有關的專長，常見的專長包含：擅長操作電腦軟體等。如果是應徵會計，可填寫「擅長心算」；如果是應徵服務業或業務，可填寫「擅長記住別人的姓名」；如果是應徵行政總務類工作，則可以填寫「擅長整理」。 ●填寫範例 知道該如何選擇、安裝與使用軟體 ●重點 數位轉型的能力在商界非常吃香，所以要好好寫出來。
運動	如果沒有特別的強項，可以寫散步或是慢跑。 ●填寫範例 散步（假日時會散步2小時左右） ●重點 不需要填寫太過激烈的運動，寫常見的運動即可。
健康狀態	如果不會造成工作上的不便，就填寫「良好」；如果過去幾年都沒有身體不適或請病假的情況，可填寫「非常良好」，強調自己的健康狀態。 ●填寫範例 非常健康（過去3年沒請過病假） ●重點 如果是「良好」以上的狀態，記得要特別強調。

27 謹慎地填寫事實

通勤時間、扶養家人人數這類項目就依照事實填寫，
額外補充的部分可以寫在備註欄。

依照事實填寫就好，千萬不要留白或是說謊

本書的履歷格式中有備註、通勤時間、扶養人數、配偶、扶養配偶義務等欄位。除了「備註」之外，其他欄位應該都很簡單就能寫好。

通勤時間	根據最短移動路徑算出自家到公司的時間，再自行填寫。如果還不確定上班地點，可以保留空白。
扶養人數、配偶、扶養配偶義務	照實填寫即可。雖然這部分與經驗、工作技巧無關，但還是有人事負責人覺得：「有家庭的男性才夠成熟」「40幾歲為什麼還單身？」不過這在歐美等部分國家算是侵犯隱私，曾引起不少風波，日本也已慢慢改善這個問題，但還是不要留白或捏造內容。

好可疑啊…

說謊！

POINT 1

應用備註欄位的方法

許多人不知道怎麼寫，就會讓「備註」欄位留空。其實，若能有效利用這個欄位，就能避免留下負面印象，還能補充說明不足的部分，以及對公司的期待等等。

比方說，聯絡方式與通勤時間可寫成下列內容：

・現在仍然在職，若是平日需要聯絡，請於晚上7點後來電。

・如果需要在總公司上班的話，通勤時間約為1個半小時。前一個職場的通勤時間為2小時，我也連續通勤了5年，所以通勤上班沒問題。

先一步回答人事負責人可能有疑問的部分，是很有效的手段。如果學歷是或工作經歷有空窗期，也可試著如下說明：

・2020年9月到2021年12月這段期間，專心準備代書的考試。

如上，備註欄位可補充其他欄位沒有提到的內容。

(OK範例① 聯絡方式)

目前很難在上班的時候接電話，所以還請貴公司以電子信箱的方式聯絡。此外，我每天會在早上與晚上各確認一次電子信箱。

以防接不到通知，事先告訴人事負責人，也能留下好印象。

(OK範例② 健康狀態)

由於過去的某些疾病，目前需要每個月去醫院一次，接受追蹤檢查。不過可以安排在假日的時候，應該不會對工作造成影響。

在錄取之後才被發現有身體狀況的話，有時候會演變成大問題。受傷、疾病都是人事負責人評估求職者的標準，因為人事負責人會擔心「是否會影響工作」，所以最好事先說明清楚。

(OK範例③ 說明職涯的空窗期)

雖然2018年8月到2019年7月這段時間是空窗期，但其實我當時是利用這段期間專心找工作。我非常明白目前就業市場多麼嚴峻，所以若有機會被貴公司錄取，我會以珍惜這份工作的心情拼命工作。

可以如上說明履歷上出現的空窗期。下定決心面對這個年齡層常見的困難，是非常有效的手法。

28 中年求職者常有的誤解：對方會細讀履歷內容

人事負責人通常會收到幾百位應徵者的書面資料。
讓我們試著思考，該怎麼製作書面資料才能雀屏中選吧。

不要製作「讓人閱讀」的書面資料，製作「容易閱讀」的書面資料吧！

職涯經歷表與履歷不同，沒有固定格式，不過還是有些適合中年求職者的寫法，讓我們一起看看要怎麼寫吧。

職涯經歷表建議要有2頁。有些書籍或職涯規劃師會建議寫成1頁，但是中年求職者的工作經歷通常很長，1頁可能會寫不下，導致沒辦法提到真正想提的部分，所以我建議寫成2頁。

重點在於，要知道「對方一定會仔細閱讀」這件事是幻想。人事負責人會收到幾百位求職者的書面資料，根本沒時間慢慢閱讀，況且持續閱讀內容類似的職涯經歷表是非常辛苦的事情。

因此中年求職者應該將重點放在「容易閱讀」上，而不是「讓人事負責人認真閱讀」。比方說，可善用表格、粗體字、底線畫出重點，做成容易閱讀的職涯經歷表。

整理成2頁

1頁會寫不完

POINT 1

書面製作能力
決定了能否得到機會

雖然職涯經歷表不需講究格式，但也不是寫什麼都可以，也不需要太有創意，只要讓人事負責人能夠快速瞭解重點項目即可。

比方說，中年求職者可先針對弱點或是負面因素打預防針。以這個年齡層為對象的職缺，通常會有許多人競爭，若能製作出一看就懂的職涯經歷表，就能從一大堆具有相同經驗或能力的競爭者中脫穎而出。還請大家明白，「製作書面資料的技巧」將是你能否通過書面審查這關的利器。

NG範例　中年求職者常見誤解

常見誤解	解說
以為用市售履歷表附贈的表格，製作手寫職涯經歷表即可。	現在都以電腦製作的職涯經歷表為主，所以不該寄送手寫的職涯經歷表。
應該整理成1頁。	這個年紀應該擁有豐富的經歷，只有1頁可能無法說清楚過去的經歷。最適當的頁數為2頁，最多不要超過3頁。
不寫完所有細節，就無法說清楚想說的事情。	不需要寫出所有資訊，而是要站在對方的立場，寫出必要的資訊就好。
使用顏色不同的紙，藉此與其他人的書面資料有所區別。	不要使用顏色不同的紙。如果經驗豐富的中年求職者這麼做，很可能留下負面印象。
只要提出書面資料，對方都會慢慢看完。	中年求職者的競爭非常激烈，所以書面資料若是艱澀難懂或寫得不夠完善，對方很可能在仔細閱讀前就先淘汰你的書面資料。
沒有特定格式，所以把所有想到的事情全寫出來就好。	瞭解人事負責人想知道的內容，再寫出這些內容比較理想，千萬不要只是列出一堆事實。
已經在網路提交過履歷，不需要在職涯經歷表上重寫一遍同樣的內容。	原則上，「每份應徵文書資料都是各自獨立的」，所以別省略內容，也不要讓人事負責人參考其他書面資料。

29 2種「編年式」職涯經歷表的使用方法

職涯經歷表一般會以時間軸，也就是「編年式」來製作，主要又可分成順向與逆向2種。中年求職者比較適合逆向編年式的理由為何呢？

編年式
分成2種類型

「編年式」的職涯經歷表通常是時間軸格式，沒有特殊經歷的人，很適合使用這種格式說明自己的經歷，人事負責人也很熟悉這種格式，所以很容易看懂內容。這種編年式格式分成「順向」與「逆向」2種。

若是常換工作，或是常在同一間公司異動的話，把每一段經歷寫得一樣長，職涯經歷表就會變得又臭又長，人事負責人很可能讀都不想讀，所以千萬別這麼做。

此時應該刪減與應徵職缺無關的經歷，或是年代太過久遠的實績，讓職涯經歷表的內容控制在2頁之內。

在製作編年式職涯經歷表時，有件事要特別注意，那就是不要只是列出一堆事實，原封不動地將履歷的工作經歷欄搬過來也沒有任何意義。

不過，明明已經寫了一份履歷，為什麼還要另外製作職涯經歷表呢？

先思考職涯經歷表的意義再開始製作，就能避免犯錯。

編年式

順向：以畢業到進入社會的順序介紹工作經歷。

逆向：從最近的工作經歷開始回溯。

POINT 1

「順向」或「逆向」的選擇祕訣

中年求職者的工作經歷通常很長，所以比起以順向在開頭介紹很久以前的工作經歷，以逆向順序強調最近的經驗，比較有機會符合應徵職缺。

強調最近的經驗，很可能讓人事負責人知道他想知道的資訊。

如果過去的經驗較符合應徵職缺，也可以採用順向格式，強調早期的工作經歷，提升錄取的機會。

先以「編年式」的格式製作。

⬇

①從最新的工作經歷開始回溯，是否較符合職缺需求？

②以畢業到進入社會的順序介紹工作經歷，是否更有優勢？

⬇

如果是①的情況，
要使用「逆向」這種從最新的工作經歷回溯的格式。

如果是②的情況，
則要採用從畢業到進入社會的「順向」格式。

※ 如果打算挑戰陌生的業界，過去的經驗都不管用的話，建議選擇逆向格式（人事負責人應該不會想要從10年前、20年前的工作經歷開始閱讀）。

POINT 2

「編年式」的常見錯誤

在製作編年式職涯經歷表時，千萬不要只是列出一堆事實，這也是中年求職者常犯的錯誤。如果只是把履歷上的工作經歷搬過來，就沒有製作職涯經歷表的必要了。

那麼，為什麼已經製作履歷，還要另外製作職涯經歷表呢？ 思考這個問題的答案非常重要。

重點就是要簡單易懂地強調自己的優點。

如果能根據職涯經歷表原有的功能製作，就能避免犯錯。

NG範例	年	月	工 作 經 歷
	2001	7	入職Infinitech股份有限公司（正職員工）
			事業內容：系統開發　資本額：2000萬　員工：100人
			部門：新北分公司　板橋研究所　第二開發部
			工作內容：建構網路商店的顧客資料庫
	2004	3	晉昇為開發副主任
	2008	7	調至台北總公司　解決方案事業本部　雲端服務開發課
	2014	10	異動至台北總公司　人才開發部
	2018	8	晉升為人事課長助理

$$\boxed{\text{編年式範例}}$$

2023年9月10日現在

職涯經歷表

姓名：林小春

●職務簡介

大學畢業後，進入IT企業服務。5年後調動部門，晉升為課長。之後為了進一步提升技術而進入櫻雲工業專科學校。以自由工作者的身分從事各種專案後，為了進行新挑戰而跳槽至其他企業。擅長使用Microsoft的軟體（Word、Excel、PowerPoint），也能利用Adobe的影像編輯軟體編輯影片。擁有多種技術與豐富經驗，能立刻為貴公司做出貢獻。

●職務細節

○**2020年7月～現在　Technology Advance股份有限公司**

事業內容：系統開發、銷售　資本額：5000萬　員工：500名　非上市公司

時期	工作內容
2020年7月 ～ 2022年6月	【部門】台北總公司　研究開發部 【職位】資深工程師
	【工作內容】 ・研究與採用新技術 ・維護與改良內部系統 ・擔任開發團隊的導師 ・打造原型與測試應用 【主要實績】 ・採用新技術，讓工作效率提升20％ ・減少50％系統延遲時間 ・提升開發速度，獲得2個新專案 ・提升團隊技術組合
2022年7月 ～ 現在	【部門】台北總公司　軟體開發部 【職位】專案經理
	【工作內容】 ・企劃專案，管理專案進度 ・建置團隊與管理人才 ・與客戶交涉契約，以及向客戶提案 ・優化開發流程，提升開發效率 【主要實績】 ・讓年度業績成長20％ ・維持95％以上的專案完成率 ・獲得新客戶，讓業績成長20％ ・縮短開發時間，減少成本15％

○**2015年7月～2020年6月　接案系統工程師**
【工作內容】開發網頁、影像設計、建置系統
【主要實績】成功支援50個以上的專案

○**2014年9月～2015年6月　櫻雲工業專科學校**
主修AI工程學科

○**2005年7月～2014年8月　Innovation Net股份有限公司**
事業內容：開發IT方案　資本額：1億　員工：2000人　上市公司

時期	工作內容
2005年7月 ～ 2014年8月	【部門】系統開發部資訊安全課 【職位】課長
	【工作內容】 ・管理團隊與培育人才 ・設計與採用資訊安全對策 ・監控公司內外的資訊安全 ・提供客戶資訊安全諮詢服務 ・管理預算與分配資源 【主要實績】 ・年度成果目標達成率100％ ・沒有發生任何資訊安全問題 ・在公司內部徹底實施資訊安全教育，提升員工資訊安全意識 ・提升顧客滿意度，回頭率達85％ ・取得與資訊安全有關的3項專案

●**可在貴公司應用的技能與經驗**
・專案管理
・系統開發（全端開發者）
・影像設計、影片編輯（Adobe Illustrator、Photoshop、Premire Pro）
・人才管理、團隊建置
・資訊安全對策

●**自我介紹**
　　我相信自己就算進入全新的環境，也能發揮技術與各種業界經驗，立刻做出貢獻。在櫻雲工業專科學校學習時，我以接案方式從事各種業務；擔任專案經理時，也培養了各種技能與知識
　　我非常熱愛學習，總是注意最新的技術趨勢。另外，我很擅長溝通，有助於提升團體產值、讓團體齊心協力。到目前為止，我已成功帶領了多項專案。若能蒙受錄取，相信對貴公司而言，我的能力和經驗將成為一項極具價值的資產。由衷希望能在貴公司進行新的挑戰。

以上

30 至少該填寫的 4個項目

職涯經歷表沒有固定格式，不少人會不知道該寫些什麼。
尤其中年求職者的工作經歷很長，那麼到底該怎麼介紹才對呢？

職涯經歷表 絕對不能缺少的項目

中年求職者進入社會很久，工作資歷通常很長。如果是做過許多工作的人，有可能反而不知道該怎麼撰寫職涯經歷表。

由於職涯經歷表不像履歷或網路表單，沒有固定格式，很多人都不知道該怎麼寫。

不過，只要將職涯經歷表分解成一個個項目，就一定能寫得不錯，還請大家不要擔心。

因此，這節要介紹職涯經歷表最少該具備的4個要素：①職務簡介、②職務細節、③可移轉能力、④自我介紹。

除了上述的4個要素之外，如果能在最後預先說明「為什麼會有一段長時間的空窗期」、「為什麼常常換工作」、「為什麼缺乏實務經驗」這類特殊事項的話，就能做出零死角、高完成度的職涯經歷表。

職涯經歷表不可或缺的項目

①職務簡介
②職務細節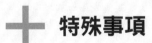
③可移轉能力
④自我介紹

POINT 1

4個項目的重點

接著要介紹的是，在製作自由格式的職涯經歷表時，「只要寫了這些內容就沒問題」的4個要素及其重點。

項目	重點	篇幅
① 職務簡介	這是總結過去工作經驗的項目，也是人事負責人第一眼讀到的部分，就像是職涯經歷表的目錄。這裡寫得好壞與否，會影響人事負責人是否會往下繼續閱讀職務細節。	5行左右
② 職務細節	這是職涯經歷表的核心部分，旨在進一步介紹職務的具體內容。人事負責人對「職務簡介」產生興趣後，就可能為了進一步瞭解細節、知道應徵者之前的工作狀況而看到這裡。所以不要只是列出事實，還要記得強調出重點。	加上其他內容，整體不超過2頁
③ 可移轉能力	指的是在什麼狀況都能應用的技能。比方說，TOEIC 900分代表英語能力很全面，適合所有需要英語能力的職缺。我通常會建議應徵者將此想成「可在貴公司應用的技能或經驗」，然後試著從過去的經驗或工作技能中，挑出可對應徵公司做出貢獻的能力。	5行左右
④ 自我介紹	與上述3個項目不同，這裡可包含一些情感敘述。若是英文職涯經歷表，通常會在此稍微介紹過去的工作成果、工作能力與經驗；日本職涯經歷表則會藉此評估應徵者的性格或熱情。可在這格欄位撰寫其他項目未說明完整的技能、優點，或是事先坦白自己的缺點。還請大家盡可能善用這個欄位。	約300～400字

[職務簡介] 沿著「時間軸」將內容整理在5行內

31

職務簡介就是工作經歷的摘要。以書籍比喻的話，相當於目錄的部分，也是對方願不願意繼續讀下去的關鍵。

職務簡介的功能
與撰寫重點

「職務簡介」的目的，是讓人事負責人一眼看懂你的過往工作經歷。就好比如許多人會根據目錄決定是否買書，人事負責人在閱讀職涯經歷表的時候，也會先看職務簡介，再決定是否要繼續讀下去。

中年求職者的工作經驗豐富，但職務簡介最好還是限縮在5行之內。畢竟寫了半張A4紙，就不算是「簡介」了。此外，盡可能不要在一開始就讓人事負責人覺得內容很難懂。

有些人可能會覺得在篇幅少的情況下，要寫得精彩又讓人印象深刻相當困難，但其實靠一些書寫技巧就可以了，還請大家放心。

本書要介紹的技巧有2種，一種是「時間軸法」，一種是「一氣呵成法」。

首先，時間軸法就是依照先後順序，從畢業到後續工作經驗來撰寫。以下說明時間軸法的基本寫法、注意事項以及理想範例。

時間軸法的OK範例

於陽明交通大學學習資訊工程後，在2000年初，以應屆畢業生身分進入CB軟體股份有限公司。在通訊交換系統領域專心進行開發工作10年後，跳槽至ZZ Net股份有限公司。從事了約7年的郵件伺服器設定與業務系統開發工作，於2017年6月跳槽至現在的公司，也就是EBUKO股份有限公司。目前的工作是以軟體開發為主。

POINT 1

基本寫法與注意事項

時間軸法就是從最終學歷開始，依序撰寫第一間公司、之後跳槽的公司、職務概要、在職期間等等。這是最基本的寫法，適合應徵職種與過去工作經歷吻合、換工作次數不多、職涯沒什麼特殊狀況的人使用。依照時間順序描述事實應該不會太難。

●基本寫法
①寫出最終學歷（若想特別強調最終學歷，可寫出大學名稱與主修科系）
↓
②寫出第一間公司的名稱、負責的工作以及在職期間
↓
③寫出跳槽的公司、負責的工作與在職期間（如果換了好幾次工作，不重要的就寫出次數就可以了）

●注意事項
・盡可能限縮在5行內。內容太多的話，人事負責人很可能會跳過。
・只針對職缺撰寫。版面有限，盡可能不要寫一些對方會覺得無趣的資訊。

POINT 2

進階寫法就是加入實績或工作成果

如果有些特別值得一提的工作成果或實績，也可以試著寫在這裡。在最後補充自己的強項或是特別有信心的領域，作為宣傳自己的重點，也能讓人事負責人更容易閱讀。

順帶一提，第二種「一氣呵成法」是以如下格式介紹職涯：「我從國際技術大學畢業後，一直專心從事總務工作，累積了20年左右的資歷～」（細節會於下一頁說明），其進階寫法也是加上主要的實際工作成果作為自我宣傳及結尾。

●OK範例

我從專科學校畢業後，就進入New World股份有限公司，負責不動產銷售業務約15年。從第3年開始，便連續被表彰了三季，每年的目標達成率也居高位。這些業績也得到了公司認可，在第11年有幸晉升為業務經理，負責管理10名業務。我在這個職位上盡心盡力，最近還創造了全國團隊成績第3名的佳績。不管是身為業務員還是業務經理，我都有信心完成設定的營業目標。

32 [職務簡介] 工作資歷豐富 可「一氣呵成」寫完

如果曾在許多公司任職或是從事過各種工作，可使用「一氣呵成法」簡潔有力地介紹工作經歷。

不管多複雜的職涯，都能簡潔介紹的「一氣呵成法」

繼前一節的「時間軸法」後，這節要說明第二種「一氣呵成法」。這種手法不依照時間順序，而是以一句話就說完工作經歷。

這是為了避免使用「時間軸法」，導致寫得又臭又長。

比方說，常常換工作的人，就很難在5行之內寫完在各個企業擔任的職務、工作內容與在職期間；但職務簡介又必須寫得精簡，此時就應該使用「一氣呵成法」。

一氣呵成法的OK範例

以下將以應徵「房屋銷售預備經理」此職缺來說明：

我離大學畢業已逾20年，有超過一半的時間都從事透天住宅的銷售，尤其擅長銷售郊外的30坪住宅。在前公司快樂房屋股份有限公司，我曾創下連續5年榮獲銷售第1名的實績；在目前職場擔任營業所長，負責規劃與執行將顧客帶向展場的行銷計畫，並培養與指導部下。

雖然無法從這篇文章看出什麼細節，但其實這個人曾換過7間公司。所以此時要以「一氣呵成法」取代容易愈寫愈長的「時間軸法」，將重點放在「房屋銷售」這塊，然後在第一行敘述完畢。

提出銷售房屋的實際成績，以及擬定展場行銷計畫與管理年長部下的經等，驗都是一大賣點。此外，擁有各種工作經驗或業界經驗的人，也很適合使用「一氣呵成法」。

POINT 1

適合基本寫法的人

下列範例是在 5 個業界擔任過 3 種職務的人。

● OK 範例

自 2004 年 6 月畢業之後到現在，我在顧客服務業界累積了約 19 年的經歷。這段期間，我曾待過婚禮業界、葬儀業界、飲食業、住宿業與旅行業這 5 個業界，從事服務、業務與企業等工作。此外，我也擁有豐富的管理經驗，擅長提升部下的工作意願與整個組織的能力。

整體來說，上述文章簡單扼要地說明了工作經歷，也仔細說明了與應徵職缺有關的經歷與技能，這就是所謂的「一氣呵成法」。

不過，要是省略工作經歷的內容，有些人事負責人會覺得不對勁，所以還是得提到工作經歷。比方說，具有總務、會計、業務這些經驗的人在應徵業務工作時，不要只提到業務工作的經歷，而是要以「在從事總務與會計的工作後，從事業務工作」或是「除了業務方面的經驗，也有總務與會計方面的經驗」，稍微提一下相關性不高的經驗，會為內容增加高潮起伏的感覺。

● 基本寫法

一口氣寫長年的工作經驗，而不是按照時間順序撰寫。如果使用時間軸法撰寫得又臭又長的話，可以利用一氣呵成法濃縮內容，讓整體變得簡潔有力。

● 適合「一氣呵成法」的人
· 常換工作
　（例如：換了 4 次以上的工作）
· 曾從事各種職業
　（例如：換過 3 種不同的工作）

POINT 2

撰寫範例

· **職涯相當一致的情況**
→從大學畢業到現在，我專心從事法人業務工作約 20 年。

· **雖然做過其他工作，但是跟應徵工作無關**
→過去 15 年，我都從事系統開發、系統維護與管理的工作。

· **有多種工作資歷，但最新的工作經驗與應徵職缺吻合**
→我在 20 幾歲時做過不少工作，不過最近的過去 7 年都從事會計相關工作，累積了不少經驗。

33 [職務細節] 以表格提升易讀性與留下好印象

書面審查階段的重點在於職務細節，而這部分的內容若是整理成表格，再以時間軸的格式安排，就能同時說明工作內容與成果。

將工作經歷與部門整理成表格，能變得更容易閱讀

職務細節是人事負責人最在意的部分，因為據此可更瞭解應徵者的工作經驗（職場環境、工作內容、工作態度、擁有技能、工作實績），從而判斷應徵者是否為需要的人才。尤其面對中年求職者，人事負責任會更重視職涯，所以千萬要多花點心思在這上面。

一開始可利用時間軸格式的編年式，寫出每份工作擔任的職務，再將這些內容整理成表格，提高易讀性。

第一步，先將在職期間與公司名稱寫在表格的標題處，接著說明「事業概要」、「資本額」、「員工人數」這類企業基本資訊。接著製作表格，於表格中填寫各職務的細節。「時期」欄位可填寫在各部門任職的期間。

接著，表格的細節部分可撰寫部門以及擔任的職務，再依照不同項目列舉「工作內容」，然後在下面補充「主要實績」。這就是基本的內容。每換一個工作，就以相同格式重寫一次類似內容。要注意的是，如果換過太多工作，可能會寫得太長，此時可試著使用不同的寫法或格式。

撰寫職務細節的祕訣

①寫成「編年式」

②替每間公司製作表格

③條列式列出在每個部門的在職期間、工作內容、工作實績

POINT 1

先依照時間順序撰寫，
再依照部門分類

● 短期工作的整理方式

　　如果是幾個月的短期工作，可能不太需要特別製作表格，但也不能直接刪除，可能會被誤以為說謊。此時不妨以簡單一句話整理，會比另外製作表格來得簡潔。

● OK 範例

※**2016年9月～2017年1月在Telecomic Japan 股份有限公司擔任約聘員工，負責導入電話中心會計系統。**

● 職務細節

○2022年7月～2023年8月：EnterpriseTech 股份有限公司
事業內容：IT顧問　資本額：200萬　員工：50名　非上市公司

時期	工作內容
2002年7月 ～ 2018年6月	【部門】總務部會計部 【職位】正職員工 【工作內容】 ・所有會計工作（每月結算、年度結算） ・資金管理（收支管理、預算規劃） ・採用與管理公司的內部會計系統 【主要實績】 ・採用SAP公司內部會計系統，讓每月結算的時間縮短一半。 ・會計部門的2012年度預算達成率105％。 ・負責提升預算規劃精準度的專案。 ・自2013年開始，預算達成率皆超過95％，提升了預算管理的精確度。
2018年7月 ～ 2023年8月	【部門】業務部法人業務部 【職位】正職員工 【工作內容】 ・開發新顧客 ・與老客戶洽談生意、維持關係 ・擬定與執行業務策略 【主要實績】 ・於業務部門中，成功開發最多新顧客（2020年、2021年）。 ・簽下新的大客戶，使年度業績目標達成率上升至120％。 ・擬定與執行數位行銷策略，讓潛在顧客增加20％（2021年）。

先寫出企業概要

以部門分類

整理成條列式內容

在下面追加工作成果

CHAPTER 1

CHAPTER 2

CHAPTER 3

CHAPTER 4

[職務細節] 盡可能吻合
34 該職缺所需人才

職務細節除了「編年式」之外，還有「職涯統整式」這種完全不同的寫法。以不同的職涯整理工作經歷，可進一步說明曾經擔任過的職務。

依職涯分類工作經驗，
進一步介紹相關工作內容

職涯統整式的寫法與編年式大不相同。許多指導轉職的書籍都提到「職涯統整式就是分段介紹不同職涯」，但這樣還是很難讓人瞭解。

因此接下來，我將透過具體的實例說明。比方說，你曾經在A、B、C這3間公司擔任人事相關工作，在A公司負責的是徵才、在B公司負責的是員工入

職和離職手續、在C公司負責的是設計新制度。

此時不該將各公司的經驗分開來寫，而是要圍繞著「人事工作」這個職涯列出各種經驗。

假設你應徵的是人事經理，而且這個職缺的主要工作是修改各種規定，就應該先寫出對應的工作經驗。

OK範例

負責工作	時期
・更新職務規章、修改人事政策、建立與撤除各種人事相關規定	C公司
・管理6位部下，積極培育人才	C公司
・面試應屆畢業生與社會人士	所有公司
・計算薪資、處理社會保險手續、管理出缺勤、處理入職和離職手續	A公司、B公司
・管理所有福利、管理並維護公司宿舍、經營公司內部工會與員工持股會	B公司、C公司
・作為公司窗口，與工會交涉	C公司

POINT 1

將例行工作與專案工作分開，表現出自己的積極性

像這樣只寫人事相關工作，會無法看出曾在哪間公司上班、待了多久時間，但這正是「職涯統整式」的特色。如果能確實掌握自己的職涯，也能以（○○年）這個寫法，進一步說明工作年資。

要注意的是，若是屬於後勤支援，可能會讓人覺得你只是平凡地完成例行公事而已，建議依照下列範例，將工作分成「例行公事」與「專案工作」這兩大類，積極地宣傳自己的優點。

●OK範例

・**計算薪資、處理社會保險手續、管理出缺勤、處理入職和離職手續（大約12年）**

撰寫流程

①具體分析職缺重點，瞭解這個職缺需要什麼樣的人才
（例：需要能重新評估各種規章的人事經理，以及能協助處理各種人事相關工作，還要培育3名部下……）

⬇

②確定該職涯的主軸，再提出對應主題（例：人事相關工作）

⬇

③職涯底下從優先順序較高的工作經驗開始介紹（例：修改勞動規則→管理6名部下、培育人才→徵才……）

人事相關工作

＜例行工作＞
・更新職務規章、修改人事政策、建立與撤除各種人事相關規定
・管理6位部下，積極培育人才
・面試應屆畢業生與社會人士
・計算薪資、處理社會保險手續、管理出缺勤、處理入職和離職手續
・管理所有公司福利、管理並維護公司宿舍、經營公司內部工會與員工

持股會
・作為公司窗口，與工會交涉
＜專案工作＞
・規劃新的人事制度，全面檢討薪資標準
・針對需要特別關心的員工，設計公司特有的休假制度
・參與引進人事管理系統的專案

CHAPTER 1　CHAPTER 2　CHAPTER 3　CHAPTER 4

35 [可移轉能力]中年求職者最常犯的3個問題

找出自己的「可移轉能力」，再從中挑出最符合職缺需求的能力，然後寫進職涯經歷表。

找出可移轉能力

所謂的「可移轉能力」，就是可在任何職場應用的技能。最具代表性的就是使用 Word 或 Excel 的能力，因為不管是哪種職業、哪間企業都會用到。此外，若是應徵貿易公司，宣傳自己的「TOEIC 最高分數」和「商務英語（在實際場景中磨練過的最好）」也非常重要；若是應徵不動產仲介，則可以宣傳自己已經取得「不動產經紀人證照」與「不動產營業員證照」等。

反之，強調與職缺無關的證照或能力，就毫無意義了。建議大家列出3～5項與應徵職缺有關的能力即可。

OK 範例①

長年從事物流業的專案經理，應徵物流分析師的情況：

<能於貴公司發揮的技能與經驗>

- 長年管理供應鏈（SCM），具有削減成本的知識與能力
- 能在各種商務場合發揮作用的交涉與溝通能力
- 對全球的管理供應鏈有深刻認識
- 在帶領團隊、運用人才上具豐富經驗
- 能在各種商務場合應用的英語能力

OK 範例②

應徵食品製造商業務員的情況：

<能於貴公司發揮的技能與經驗>

- 與顧客建立良好關係的溝通能力
- 具有指揮能力、協調力以及號召部下的領導力
- 具有面對問題、找出解決方案的能力
- 具有能因應變化、迅速調整行動的適應力
- 具有有效分配時間、替各項工作排出優先順序的時間管理能力

POINT 1

中年求職者常見的
3種錯誤撰寫方式

中年求職者在撰寫職涯經歷表時，
最常犯下列3種錯誤。

錯誤寫法	對策
①寫了一堆，又臭又長 寫得太過詳細會模糊焦點，而且會讓人覺得太強調自我，反而留下不好的印象。	➤ 只寫5項，適度精簡內容。
②寫與職缺無關的技能或經驗 一定要先瞭解職缺需求，再從自己的技能或經驗中挑出最適合的幾項能力。	➤ 深度瞭解職缺需求，選出與職缺對應的經驗或技能。
③覺得自己沒有值得一提的 　技能或經驗 別太快斷言自己「沒有值得一提的技能或經驗」，你至少列得出3項技能或經驗。請先徹底調查要應徵的公司，再寫一些與職缺吻合的技能或經驗。	➤ 你一定有些技能或經驗。就算沒有具體工作技巧，也可以列出一些自己的優勢或是工作態度。

36 將自介整理成一個優勢，並以三段論述撰寫

自我介紹不要寫得太過雜亂，建議整理成一個優勢，
再以三段論述的方式撰寫。

將自我介紹整理成一個優勢，寫成符合職缺的內容

顧名思義，「自我介紹」就是強調自己的賣點與強項的內容。與其他項目不同的是，這個部分能自由撰寫，所以只要認真寫，就能與別人拉開差距。

不過也正因如此，很多人會不知從何下筆。我建議使用三段論述的框架，就能寫出比較理想的內容。

請務必掌握撰寫自我介紹的技巧（我以前會建議大家寫3項優勢作為自我介紹，但是這樣很容易太過追求完美主義，所以我現在都建議專注寫一個優勢就好）。

此外，自我介紹的內容一定要符合職缺需求，若只是一味地宣傳自己的強項，卻不符合職缺需求，反而會被懷疑：「你真的有這種能力嗎？」

總之，過度宣傳自己，會讓人覺得偏離現實、一點也不可靠，因此千萬要拿捏宣傳的力道。

應徵不動產業務的情況

①擁有確實達成目標的「貫徹力」。
②業務這份工作全以數值評估工作成果，這也決定了我的生活方式。為了能持續創造工作成果，我總是保持積極的態度、不斷地採取行動，以免輸給年輕的業務員。就算是需要登門拜訪，或是一天打幾百通電話取得會面機會，我都會不遺餘力地達成。透過積極採取行動，我得以從金融業界、地主、房東等重要資訊來源得到第一手資料，並建立起強大的人際網路。此外，我擅長設身處地為人著想，因此能與任何人建立良好關係。我的業績之所以能一步步累積，全是因為我活用了上述強項。
③若有機會在貴公司工作，我會盡全力發揮上述專長，幫助貴公司成長。

POINT 1

以三段論述的方式
宣傳自己

● 一起掌握三段論述的寫法吧！

①開門見山地說出自己的優勢

● OK 範例

我的優勢就是具有「貫徹力」。

「　」填入能應用於該職缺的賣點。

②透過資料、證據、故事來證明①的說法

● OK 範例

業務這份工作全以數值評估工作成果，這也決定了我的生活方式。為了能持續創造工作成果，我總是保持積極的態度、不斷地採取行動，以免輸給年輕的業務員。就算是需要登門拜訪，或是一天打幾百通電話取得會面機會，我都會不遺餘力地達成。透過積極採取行動，我得以從金融業界、地主、房東等重要資訊來源得到第一手資料，並建立起強大的人際網路。此外，我擅長設身處地為人著想，因此能與任何人建立良好關係。我的業績之所以能一步步累積，全是因為我活用了上述強項。

③最後以制式內容結尾

● OK 範例

我會確實活用上述的強項，為貴公司做出貢獻。

　　①～③的內容落在300～400字內較適合。

　　順帶一提，有時候會看到①的強項與②的內容不一致的情況。比方說，①的強項是「對於業績目標使命必達的能力」，②卻提到從業務經驗中得到的交涉能力，包括得到這項能力的過程，以及使用這項能力的狀況與成果。如果要保留②的內容，最好把①的強項改成「交涉能力」。

　　若是想強調「對於業績目標使命必達的能力」，就應該將②改成適當的內容。

自我介紹的三段論述

①寫出賣點

↓

②證明自己

↓

③制式結尾

就算面試時答得不好，
也不要太在意

　　許多中年求職者都覺得自己「不會說話」，面試官其實也瞭解這點。不如說，有時面對說話滔滔不絕的人，可能還會懷疑：「話說得這麼漂亮，工作真的也這麼厲害嗎？」

　　事先推測會被問到的問題並準備好答案，有助於面對面試這類場合。如果在面試時被問到這些事先準備的問題，並充滿自信地回答，就很有機會被錄取。

　　不過，有時候會被問到預期之外的問題，不知道該怎麼回答。此時不需要焦慮，可透過2種方法應對。第一種方法是先說：「請讓我稍微思考一下。」為自己爭取一點時間，第二種方法是老實地說：「我不知道答案是什麼。」

　　話雖如此，若是被問到：「為什麼選擇我們公司？」就不太適合用上述的方法回答，因為這是必問問題，本來就該事先準備才對。

　　換言之，那些回答不了的問題本就不太重要，所以答不上也不需要太在意，不要讓自己被那些問題卡住而影響整體面試就好。

CHAPTER
4

中年求職者的
面試對策

37 中年求職者一定要記住的面試鐵律

以最佳狀態接受面試，是能否錄取的關鍵。
在此介紹精選的面試事前準備。

除了面試當天的對策之外，事先調整好狀態也非常重要

事先擬定對策、應付面試問題固然重要，但是還有比這更重要的事。

那就是以最佳狀態接受面試，以平常心讓人事負責人瞭解你。其實這件事比想像中困難，很多人都是因為沒做到這點而被淘汰。如果不瞭解接受面試的正確方法，前面的努力就很可能都變得徒勞無功。

比方說，在正式面試前感冒，那當然無法照預定接受面試對吧？又或者前一份工作還沒辭職，準備在下班後的晚上接受面試，卻因為工作有些差錯而無法準時赴約。要是能重新安排面試時間或許還好，但若是競爭激烈的職缺，這很有可能就會成為致命傷。

除了上述問題之外，面試的時候還可能發生各種問題，例如：面試時太緊張、吃了感冒藥而腦子一片空白等等。一旦如此，就無法順利地回答預先準備的答案，也無法像練習時那樣完美地回答問題。

因此，在具體介紹面試可能被問到的問題以及答案前，本書要先介紹接受面試時一定要遵守的「鐵律」。

鐵律 1

面試重點在於「傳遞訊息」 而不是「說話」

面試

演講

若被要求「在坐滿觀眾的巨蛋演講30分鐘」，不管是誰都會緊張吧？而且演講通常是單方面對聽眾說話，所以就算說到一半卡住，也沒有人會幫你圓場。不過，面試就是與面試官一對一的對話，就算中途不知道該說什麼，面試官通常都會幫忙接話，因此不需要太擔心。

其實面試的重點在於「能否讓面試官正確瞭解你的意思」，所以就算你說得天花亂墜，也不代表會被錄用。如果你有過「明明面試時說得很好，卻沒有被錄取」的經驗，就可能是你放錯重點，誤以為「說得好聽」比「說到對方心坎裡」更重要。面試時，適當地回答面試官的問題、讓面試官更瞭解你，才有機會被錄取。

鐵律 2

維護健康 從飲食做起

有位知名電影演員常在出國拍外景時，只吃咖哩飯與豬肉味噌湯，而且連水都從日本一箱箱搬去工作現場。

若問他為什麼要如此大費周章，答案就是他擔心吃壞肚子，造成其他演員、工作人員和電影公司的麻煩。

其實許多人都忽略了飲食的重要性，請大家務必關心自己的飲食生活。準備換工作的過程中，精神通常十分緊繃、承受巨大壓力，所以哪怕只是一點點飲食上的改變，身體都會變得很敏感。如果因為吃壞肚子而無法以萬全的狀態接受面試，這豈不是很遺憾嗎？

鐵律 **3**

針對「預設問題」
寫出答案

　　面試問題十之八九都是一樣的，因此能事先準備好答案。

　　請大家先把答案寫在紙上，再反覆思考答案是否適當。如果只是在腦海演練，很可能在正式面試時無法精準地回答，所以請試著動筆寫下適當的答案，讓這些答案在腦海紮根。

　　寫完答案後，請試著從中找出關鍵字。如果一心想要一字不漏地背下答案，只要面試稍有不順，就可能沒辦法正確回答面試官的問題；反之，先記住關鍵字，就能在回答時，透過一連串的關鍵字組出答案，就算說到一半不知道該說什麼，也能透過關鍵字自然而然地繼續說下去。

【回答範例 1】
Q：為什麼辭掉前一份工作？
A：部門被撤除，所以不得已要換工作。

【關鍵字】
部門、撤除、不得已

【回答範例 2】
Q：為什麼應徵我們公司？
A：我認為之前的業務經驗能為貴公司做出貢獻，並且覺得貴公司的商品與方向很有潛力。

【關鍵字】
之前、業務經驗、商品、潛力

【回答範例 3】
Q：為什麼常常換工作？
A：我曾針對常換工作這件事反省與自我分析。我覺得就年齡而言，這次是我的最後機會，所以以下定決心接受面試。

【關鍵字】
反省、自我分析、最後機會、下定決心

鐵律 **4**

針對「困難問題」
研擬對策

　　有些面試問題不是有自信就能從容回答。

　　比方說，被問到在前一份工作創造了什麼優異的工作成果時，通常能夠從容地回答；但如果被問到人際關係、因病長期休養這類問題時，很可能無法立刻回答，所以建議大家事先針對這類困難問題研擬對策，以應付這種情況。

　　建議大家請朋友或家人幫忙評估你的面試對策，得到別人的回饋或許能夠找到更理想的答案。

【回答範例】
Q：從履歷上來看，您似乎曾因生病或心理疾病而長期離開職場，您真的能夠勝任這份工作嗎？
A：的確，我曾因心理疾病而長期離開職場，但現在除了定期接受專業醫師的治療之外，也很留意自己的身心健康。醫師也開立了診斷書，證明我能在企業正常上班，所以我相信我能勝任這份工作。此外，我已經知道自己的極限，所以能在心理出問題之前解決，還請您放心。

鐵律 5

提早1小時到，
讓自己保有從容心態！

　　如果因為交通意外或電車誤點而趕不上面試，很可能直接被刷掉。

　　為了避免這種情況，建議大家提早1小時抵達面試地點附近，這樣就算中途有意外也能解決。

　　抵達之後，可以先觀察面試地點，或是在附近的咖啡廳確認有可能會被問到的問題、複習準備好的答案。預備充足的時間進行最終確認，就更有機會得到想要的結果，心情也會比較沉著穩定。接著在面試前10分鐘上個廁所、走出咖啡廳，再於面試前5分鐘進入面試地點。

> **1小時前
> 抵達面試地點附近**
> ↓
> **10分鐘前
> 上完廁所**
> ↓
> **5分鐘前
> 進入面試地點**
> ↓
> **正式接受面試**

鐵律 6

適度緊張
能帶來好結果

　　雖然很多人都說「以平常心接受面試」，但一點都不緊張也不是好事，有時「適度緊張」反而能讓我們發揮最佳表現。

　　不過，要是真的太過緊張的話，就先深呼吸。從科學角度來看，深呼吸能夠緩解緊張。

　　此外，只要發出聲音，緊張的情緒就能舒緩。建議大家在面試的一開始，以高於平常1.2～1.5倍的音量說話。

　　「感謝各位給我這次面試機會」等開場白，能夠決定現場的氣氛。建議大家在練習面試時，就試著拉高聲調，以充滿精神的聲音說話。

感謝各位給我
這次面試機會！

鐵律 **7**

說話速度
要「稍慢一點」

　　面試是讓人緊張的場合，而大部分的人一緊張，說話就會變得很快。面試的重點不在於「說完」自己的想法與經驗，而是讓面試官「瞭解」你的想法與經驗，所以要讓自己的語速慢下來，才能讓你的話語更有說服力，內心也能更加從容。

　　就我的經驗來看，許多人在面試時都習慣身體前傾，然後說愈說愈快，能夠冷靜沉著地慢慢說的人算是少數。想必大家都知道，後者比較能夠得到好評對吧。為了緩解緊張、正確介紹自己，請大家務必放慢語速。

鐵律 **8**

看著對方眼睛，
避免過多肢體動作

　　說話時，請看著面試官的眼睛。雖然盯著對方很尷尬，但是面試官不是低頭寫東西，就是在看書面資料，所以求職者看著面試官，一點問題也沒有。

　　此外，盡可能不要有過多的肢體動作，否則很可能會給面試官留下不好的印象。除了自然的手部動作之外，基本上，請讓雙手靜靜地放在膝蓋上。

　　很有自信的人，通常不會有太多動作。肢體動作愈多的人，往往顯得愈慌張且沒自信。

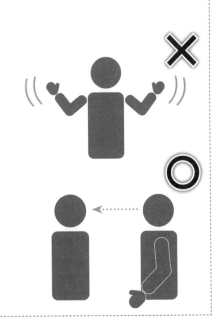

鐵律 9

一定要準備
反問面試官的問題

　　面試官在問到一個段落後，通常會問求職者：「最後有想問的問題嗎？」為了應付這種情況，建議大家事先準備2～3個問題。

　　最理想的問題就是與職務有關的內容，千萬別在此時就問薪資或待遇。

　　此外，絕對不要回答「沒什麼特別想問的」，這會讓面試官覺得「你對公司或工作內容沒有興趣」。請務必準備幾個問題，再依照面試情況提出吧。就算面試過程不怎麼順利，也可能因此扭轉局勢。

沒什麼特別想問的。

鐵律 10

線上面試的
成功祕訣

　　受新冠疫情影響，在這之後愈來愈多面試採用線上遠距的模式。

　　線上面試要注意的細節比實體面試更多，請大家多花心思準備。首先面試前，要確認電腦、智慧型手機、鏡頭、麥克風、網路是否正常，並安裝好必要軟體，務必事先瞭解軟體（ZOOM、Microsoft Teams、Google Meet等）的操作方式，而且千萬不要以為「昨天能正常執行」就掉以輕心。鏡頭、燈光、聲音、背景、服裝，都有許多需要注意的細節，比方說燈光要夠明亮、音質要夠清楚、背景要簡單、應該穿套裝或西裝等。此外，面試時要不斷地提醒自己看著鏡頭。

38 清楚表達自我的方法①

面試的時候，一定會被要求自我介紹。建議大家先想好該怎麼介紹自己的強項、賣點，以及對工作的態度和熱情。

 請您自我介紹一下。

應徵者往往會想要美化自己，尤其工作資歷豐富的中年求職者，更是會挑出成功經驗再加以宣傳，比方說「我曾在大型企業當到部長，管理100名部下」或是「我在當店長時，曾創下年度業績5億的紀錄」。

這類頭銜或十分具體的業績數據都非常客觀，也很有說服力，但是對工作經歷豐富的中年求職者來說，光是如此介紹自己還不夠。企業召募中年員工，為的就是希望有即戰力，而上述過往成就只是用來佐證自己的實力。如果中年求職者無法進一步提到進公司後能做出什麼貢獻，聽起來就只是藉此吹噓自己而已。

中年求職者另一個常見問題，就是常常長篇大論。我知道中年求職者因為經歷太過豐富、擁有太多技能，自然有很多可以說的；但是全都提一遍的話，內容會變得又臭又長。建議大家站在面試官的立場想一想，提幾個重點就好。

分析面試問題背後的意義！

○ 是否擁有能為公司創造價值的專長？
○ 盡可能不要長篇大論地炫耀自己的過去。

profile
40歲女性。大學畢業後，準備跳槽到第3間公司。在前一個職場擔任業務課長，這次希望能挑戰不同業界的業務課長。

NG範例

「**如果真要說的話，
其實我覺得自己沒什麼特別的專長～**」

POINT 這種委婉而乏善可陳的開場白
只會拖長時間，根本不需要這麼說。

OK範例

「我最大的強項就是能讓團隊發揮出所有潛力。在前一個職場擔任業務課長時，我曾帶領8位部下。上任之際，團隊成員每天都承受巨大的業績壓力，整個團隊鬥志低迷。為此，我開始讓每位成員在每週分享自己的成功與失敗經驗，並且跟態度比較消極的成員說明目的，表示如果無法認同很可能影響到評價。

隨著會議愈開愈多次，成員們開始積極地交流意見、分享自己在業務方面的知識與經驗。最終，這個團隊在去年時，從20個團隊中脫穎而出，達到團隊業績第1名的殊榮。

貴公司目前有許多資歷尚淺的年輕業務，我覺得我能利用上述能力帶著大家創造出亮眼的業績。」

POINT 將重點放在職缺需要的管理能力，藉此強調自己的強項是非常有效的做法。穿插一些具體的小故事，能讓面試官更瞭解應徵者的優勢、期待應徵者進入公司後大展身手。

39 清楚表達自我的 方法②

到目前為止，累積了哪些工作經驗、具有哪些工作技能？錄取後，能為公司做些什麼？說清楚這些事情，能讓面試官對你產生期待。

 請說明您的工作經歷。

　　面試官非常希望確認眼前的應徵者是否合乎職缺需求。比方說，擁有「法人業務」或「業務管理」經驗的應徵者準備應徵業務部部長。此時公司最需要的應該是栽培與指導部下的能力，當然得積極宣傳管理能力；若說明了一大堆法人業務的實績，反而會造成反效果。

　　此外，面試官在面試中年求職者的時候，會比面試新人更重視職涯經歷表，並透過面試確認書面資料是否與應徵者口頭說的內容一致。

　　如果此時說得天花亂墜或甚至說謊，反而會讓印象分數大扣分，所以請不要太過誇張地美化自己，正確、平實地說明自己的經歷即可。

　　中年求職者從畢業到現在的工作經歷很長，若依序說明幾十年來做了什麼，恐怕會讓面試官聽得很累、很煩，這時就需要能在短時間內重點介紹自己的「簡報能力」。將重點放在錄取後能做出什麼貢獻上，去掉與應徵職缺無關的經歷，才是最理想的方式。

分析面試問題背後的意義！

○**想知道應徵者錄取後，能為公司做出什麼貢獻。**
○**確認職涯經歷表中的經驗和工作能力是否與現在一致。**
○**想知道應徵者能否具備短時間內說重點的簡報能力。**

profile
42歲男性。大學畢業後,在房屋仲介公司做了15年的業務,也曾在不動產公司擔任過5年的業務部長。這次是第二次換工作,希望能擔任業務課長。

NG範例

「我在立志大學法學部主修票據法。大學畢業後,進入山田房屋仲介公司服務~」

POINT 中年求職者從大學畢業開始說明,會讓面試官聽到打瞌睡。

OK範例

「大學畢業後,我從事業務工作約20年之久。在上上個職場服務了約15年,負責銷售房屋;在職第10年到辭職的期間,我擔任了3處樣品屋的經理。

之後,我轉職到不動產公司擔任業務部長,負責管理業績、指導與培養10名部下,同時還負責物業代管。

在前一個職場,我帶領了許多第一次踏入不動產業界的員工,總是站在第一線不遺餘力地栽培他們,例如:讓他們不斷地演練實際銷售情況,甚至讓員工在現場觀摩我如何成功與客戶簽約,增加他們對銷售房屋的信心。

雖然這一切都很不容易,但現在回想起來,我的確培養出許多有能力的業務員,我也對此感到自豪。」

POINT 上述範例從漫長的工作經歷中挑出重點,並且讓面試官知道這些重點符合職缺需求,藉此增加了說服力。

清楚表達自我的 方法③

在職場上有沒有人際關係方面的煩惱？如果有，當時是如何面對的？面試時也很常被問到這類問題。

Q question 到目前為止，是否曾在職場上遇到人際問題呢？

這個二選一的問題之後，必須進一步說明相關的背景資訊。

第一次聽到這個問題時，大家或許會覺得回答「沒有」才是正確解答，但是資歷豐富的中年求職者若回答「從來沒遇過人際問題」，面試官很可能會覺得「你是不是都沒有主導工作的經驗」。

擁有漫長工作資歷的中年求職者，只要曾經認真投入某件工作，那麼不管是擔任上司的角色、還是部下的角色，都一定會撞到人際關係這堵透明高牆。

所以若曾經「有過」人際關係方面的煩惱，不妨將遇到的問題以及如何調適心態的過程說成一個小故事，讓面試官瞭解你對自己的工作多麼認真。

不過，不太需要提到「曾遇過冥頑不靈的部下」這種事，因為這聽起來只像是在抱怨一樣。

再者，絕對不要提到公司內部的派系鬥爭，或是與經營高層對立的事情，否則會被當成麻煩製造者。

分析面試問題背後的意義！

○想知道應徵者是不是麻煩製造者。
○想知道應徵者遇到人際問題時的處理方式。

profile
46歲女性。大學畢業至今,曾在2間公司(從外資轉到日資)服務,目前想要跳槽到第3間公司,希望與前一個職場是相同業種、相同職位。

NG範例

「我曾直接向部長提案,但被直屬上司罵得狗血淋頭,上司也不再指派工作給我。我對於這種卑鄙的行為感到憤怒~」

POINT 絕對不要提到這種會讓自己被視為麻煩製造者的事情。

OK範例

「我在前一個職場的時候,曾不知道該如何與上司相處。由於曾在外資企業服務,覺得自己應該勇敢地表達出意見。

不過,前一個職場是非常典型的日本企業,會議型態也很像是報告會,企業文化可說是於上上個職場完全不同。我在某次開會時提出意見,便被說:『妳沒有發言權。』當時我忍不住反駁:『這樣開會的意義是什麼?』而讓情況變得更嚴峻。

之後上司告訴我:『我們公司的會議是讓所有人有機會分享資訊的場合,目的在於維持組織整體感。』我也反省了自己的所做所為,並向上司道歉。」

POINT 雖然不該提到與上司對立的部分,但這都是因為對工作抱有熱情才會如此。如果最後的結果是「克服困難並有所成長」的話,想必也能得到面試官的認同。

41 清楚表達自我的方法④

面試中被問到之前的病史時，到底該怎麼回答才好呢？在此說明有慢性病等身心問題時的回答方式。

 question 曾生過大病或有慢性病嗎？

連續工作 20 年，期間生過重病或有一些慢性病，也不是什麼值得大驚小怪的事。

人事負責人最在意的是「能否順利完成公司交辦的工作」而已，因此只要已經康復、不會影響公司的工作，老實交代即可。

真正的問題在於現在仍有慢性病需要處理的狀況。如果醫師認為需要暫停工作，就應該先全力配合治療；反之，就算是需要長期治療的慢性病，只要醫師說可以工作，就該強調這點，證明自己能完成公司交辦的事項。不僅如此，讓人事負責人知道你目前正試著改善情況（例如：培養健康的飲食習慣、適度運動），還能更具說服力。

不過，就算醫師說可以工作，但是附帶「只能做一些精神壓力較輕的工作」等條件的話，請不要期待公司會給你特別待遇。

此外，有些人會擔心不被錄取，而選擇回答「沒有」或是隱瞞病情，然而這樣做等於是履歷詐欺，請千萬不要這麼做。

分析面試問題背後的意義！

○想確認應徵者的慢性病是否會影響工作。
○公司不會接受應徵者說謊或敷衍帶過病情。

※ 人事負責人基於職責，在應徵者同意下確認病歷與健康狀況，且相關紀錄只在面試當下使用，並不算是「違法」。

profile
50歲男性。大學畢業後,分別在3間公司擔任法人業務。這次準備跳槽到第4間公司,希望在相同業界負責相同工作(法人業務、次長)。

NG範例

「(明明就是一走路就喘到不行的肥胖體型)
我的健康沒有任何問題。」

POINT 知道自己外表一看就是肥胖體型,就應該確實進一步說明健康沒有任何問題。

OK範例

「我現在不能說完全沒有慢性病,去年接受健康檢查時,醫師也要求我多注意血壓。

其實我在30幾歲的時候,就被診斷出高血壓,到了快40歲時情況更加惡化,所以開始定期接受治療。

在北方長大的我喜歡吃重鹹料理,但後來聽醫師的建議,並在老婆的幫助下,重新檢視了自己的飲食生活。從40歲開始便時常與老婆一起散步,這個習慣也一直維持到現在,血壓漸漸降回正常範圍。

我現在非常健康,過去的3、4年都不曾病倒。」

POINT 中年求職者最令人擔心的問題就是飲食生活、運動不足與酗酒等文明病。像這樣說出所有問題以及後續的處理方式,是非常有效的做法。

清楚表達自我的方法⑤

是否因為不聽指令的部下或後輩而煩惱過？
接下來就要解說，該如何回答面試官這類問題。

Q question （年輕的）部下或後輩不聽指令，您會怎麼處理？

「部下不聽命令」是擔任管理職的中年上班族都會遇到的問題。

被問到這類問題時，當然不能回答「置之不理」或是「幫部下做完他沒做的部分」。

面試官希望聽到的是你舉出實際例子，以及具體的解決方案。

管理職的任務之一就是培育人才，所以這個問題的意義在於瞭解你的管理能力。比方說，回答「我跟人事部長要求，把不聽話的部下請出團隊」或是「盡可能不將工作交給這位部下」，這種選擇避免部下、不與部下直接溝通的答案，恐怕很難被接受。說到底，擔任管理職的人就是得直接面對部下。此時就算是回答「只要時間許可，我會慢慢地跟部下說明」這種制式答案也沒問題。

要注意的是，記得提到「我會先一對一問出這位部下的不滿」或是「我會告訴他，如果不聽指令會得到什麼下場（例如：會反映在考績上）」等等，如果沒有提到這類具體解決方案，會讓人事負責人覺得你答非所問。

分析面試問題背後的意義！

○想知道應徵者指導與教育部下的細節。
○不希望聽到應徵者對部下不聞不問的態度。

profile
40歲男性。大學畢業後，以應屆畢業生的身分進入某間公司，現職為課長。目前打算跳槽到第2間公司，一樣希望擔任課長。

NG範例

「如果有不聽話的部下，
就找上司或是人事部討論對其的處分。」

POINT 這種不打算與部下對話的解決
方式，並不是理想答案。

OK範例

「首先我會找出部下不聽話的理由，並一對一問對方『為什麼不聽從指令做事』。如果只是部下在耍任性，我會予以嚴厲的教訓。正如俗話說的『打鐵要趁熱』，有些事情拖太久再做，效果就會大打折扣。這是我從現在這份工作中學到的經驗。

不過，若是逼得太緊，反而會讓部下失去工作意願，所以我一定會給對方重新振作的機會。我覺得這類問題通常都是因為溝通不足所造成的，只要好好溝通，相信一定能預防大部分的問題。

如果有機會錄取的話，我會與部下好好溝通，帶領整個團隊為公司做出貢獻。」

POINT 提到將根據自身經驗栽培部
下，能讓你的答案更具說服力。

讓面試官知道你多重視這個業界、企業或業種的方法①

在規劃個人的理想職涯上，你選擇這間企業的理由是什麼？
試著找出選擇這間企業的理由，再以面試官能夠認同的方式說明。

 question　您為什麼來應徵本公司呢？

面試官想知道的是「為什麼會選擇我們公司」，而不是那種到哪間公司都適用的答案。

請大家記得，適用於任何公司的回答，並無法留下深刻的印象。

不過，工作資歷很長的中年求職者在回答這類問題時，通常會夾雜從企業官網看到的經營理念，或是引用公司CEO的發言。

比方說，「我非常認同貴公司『對社會有所貢獻』的經營理念」或是「我對CEO那句『想要為顧客持續創造全新價值』的發言非常感動」都是很常見的答案。

這類回答很難跟其他應徵者拉開差距，且容易流於表面。

回答這個問題的重點，在於要利用豐富的工作經驗及自身人脈來深入研究企業，讓人事負責人知道你的應徵動機有多麼強烈，才能與其他應徵者拉開差距。之後再提到自己能為公司做出哪些貢獻，就能讓你的回答更具說服力。

分析面試問題背後的意義！

〇想知道應徵者是否有先仔細研究過公司。
〇希望知道應徵者進入公司後，是否真能有所發揮。

profile
40歲女性。大學畢業後,以應屆畢業生的身分進入服飾業界,目前的職位是門市經理。這次應徵的是老字號的名牌企業,希望同樣擔任門市經理。

NG 範例

「我非常認同貴公司的經營方針,尤其在『挑戰創新』這一塊,更是與我的職場理念吻合。」

POINT 這種回答太過抽象,無法讓人事負責人清楚知道「為什麼非我們公司不可」。

OK 範例

「我認為我在快時尚業界的龍頭企業學到的門市經營技巧,能應用於貴公司的子品牌。過去10年,我一直擔任仕女精品服飾的經理,並負責管理庫存,所以對於掌握20幾歲女性快速變化的流行品味很有自信。我想這也是我能做出最有貢獻的部分。

**　　一直以來,我都希望自己有朝一日能在女性頂級品牌的貴公司工作。交情很好的時尚記者告訴我,貴公司與其他老字號名牌不同,是不甘於現狀、勇於挑戰的企業,這也讓我更想在貴公司工作。」**

POINT 這樣的回答巧妙地揉合了「想做什麼」以及「能做什麼」,而不是單方面強調「自己想做什麼」。除了說明錄取後能立刻做出哪些貢獻,還提到了「記者」這個第三方資訊,也使回答更有說服力。

讓面試官知道你多重視這個業界、企業或業種的方法②

同時應徵多間公司時，該怎麼回答面試官在其他公司的面試進度呢？
在此為大家介紹較理想的回答方式。

question 您有在應徵其他公司嗎？能請問進度如何嗎？

適合中年求職者的職缺本來就比較少，會一次應徵多間公司也是理所當然的事，所以就算讓人事負責人知道你同時面試多間公司也無所謂，面試官當然也明白箇中緣由。

不過，若是應徵的企業是不同的職種或業種，就必須具體說明理由。比方說，回答「我長年服務的〇〇業界，與這次應徵的△△業界，在提供無形服務上有共通之處」等等。

如果回答一間都還沒錄取，也沒有同時應徵其他公司，人事負責人可能會懷疑：「真的只應徵我們公司而已嗎？」就算情況真是如此，也應該回答「我正在考慮應徵與貴公司性質類似的其他企業」，讓人事負責人知道你有可能應徵其他公司。

此外，若已經被某間公司錄取，或是已經進入面試階段，請把這些事情當成宣傳自己的賣點。得到其他公司的好評，其實就是絕佳的優勢。

說明情況的同時，記得加上「我真正想進入的是貴公司（不是其他公司）」，讓面試官得以安心。

分析面試問題背後的意義！

○想知道應徵者是不是真的只應徵自家公司。
○想具體瞭解應徵者在有其他選擇之下，為什麼還想應徵自家公司。

profile
42歲男性。大學畢業後,以應屆畢業生的身分進入系統供應商公司,擔任網路工程師。這次是第一次換工作。

NG範例

**「(失業中)我目前只應徵貴公司,
沒有應徵其他公司。」**

POINT 這會讓人覺得你不是很積極在
找工作。

OK範例

「我目前應徵了2間通訊相關公司,職缺和前一份工作一樣是網路工程師。另外,我也應徵了一間需要IT顧問的外資諮詢公司。

其中一家通訊相關公司正準備進行第一次面試。

外資諮詢公司則是在人力仲介的推薦下應徵的。雖然是陌生的業界,但我覺得有機會發揮過去的工作經驗,與許多客戶互動也能增添每天工作的新鮮感、吸收更多知識。這間公司目前已經進行到最終面試的階段。

不過容我重申一次,我最想擔任的是貴公司的網路工程師。」

POINT 老實交代目前的應徵情況是很理所當然的,不用擔心。另外,這個範例中也說明了應徵不同業界的理由以及感興趣的部分,同時巧妙地提及已進入最終面試階段的資訊,並在最後強調還是想進入該公司服務的意願。這可說是非常理想的回答範本。

45 讓面試官知道你多重視這個業界、企業或業種的方法③

如果面試官暗示你將錄取，該怎麼回答呢？若這是你心中的第一志願，當然再好不過；但如果不是，又該如何回答呢？

如果錄取的話，您能否保證一定來我們公司呢？

如果是第一志願的公司，請各位務必不假思索地回答：「當然，請讓我為貴公司盡一己之力。」換工作也就告一段落了。

但如果同時應徵多間企業，而且其他公司才是第一志願的話，回答方式就會複雜一點。

有些人在換工作時遇到困難，會急著抓住救命繩，覺得「不管是哪間公司都好，先錄取再說」，所以遇到面試官這麼問時，不管是不是第一志願公司，都會回答：「貴公司是我的首選，請務必錄取我！」我知道大家有多麼迫切，但千萬不要這麼做，因為有可能在進入對方公司後才後悔。此時要老實地交代自己的心情。

不過，再怎麼老實，也不該回答：「我會在比較待遇後決定，一切全看貴公司提出的條件。」這樣回答就太露骨了。這時應該適當強調，你是基於對這間公司感興趣才來面試的。比方說，「我雖然沒辦法現在就接受貴公司的錄取，但我確實希望有機會利用過去經驗，為貴公司的○○部門做出貢獻」，以肯定的語氣說明當下心情，讓面試官知道，你雖然沒辦法立刻決定，但是對公司很有興趣。

分析面試問題背後的意義！

○ **不需要虛偽的答案，只想知道應徵者真正的想法。**
○ **想知道在什麼條件下，應徵者會願意進入公司服務。**

profile
41歲女性。大學畢業後，在2間證券公司擔任證券業務員，如今想換第3間公司。希望在不同業種（信用卡公司）擔任相同職位（金融業務員）。

NG範例

「**目前還沒決定，等到正式錄取才會開始考慮。**」

POINT 面試官一定會問這個問題，所以必須正面回答。

OK範例

「老實說，現階段還無法確定能到貴公司上班。如果能被錄取，那當然是非常開心的事情，也覺得很光榮。

不過，在景氣不斷下滑，以及數位轉型的風潮影響下，我被迫離職了很多次，導致換工作的次數增加，我也深刻反省這點，所以告訴自己，下次一定要站穩腳步，在同一間公司好好工作。尤其前一份工作沒做多久就結束了，這次希望能找到有助於長期職涯規劃的工作。我知道這樣子很任性，但還是希望您能夠瞭解我的心情。

人力仲介告訴我，貴公司在通知錄取之後，會給應徵者2週左右的時間考慮，如果能正式得到錄取通知，我會在這段時間仔細思考，做出不會後悔的決定。」

POINT 與其把話說得漂亮，不如坦承自己的心情，想必面試官也會理解。

46 讓面試官知道你多重視這個業界、企業或業種的方法④

如果聽到面試官說「我們公司的工作方式很特別」，大部分的人都會嚇得不知道該回什麼。到底該怎麼回答這類問題呢？

我們公司的工作方式很獨特，您能適應嗎？

這類問題是面試官給應徵者的考驗，要應徵者思考：「到底是哪裡獨特？」看的是應徵者的隨機應變能力。

與此同時，也是希望避免錄取到「過於堅持己見的人」。

所以，擁有豐富經驗與工作能力的中年求職者，應該回答：「就算是與前一個職場迥然有異的工作環境，我相信我也能夠快速適應，發揮工作效率。」

比方說，「到目前為止，我除了曾在日系企業上班，也曾就職於多間外資企業，知道每間公司都有自己的做法。進入每間公司時，我的確花了一點時間適應，但這也讓我擁有了適合每間公司的能力」，這是最為理想的回答。重點在於讓面試官放心「就算換了工作環境，你還是能夠適應」。

此外，不需要附和面試官，提到「貴公司的○○的確是相當獨特」這類說詞。

分析面試問題背後的意義！

○不需要深入探討獨特在哪。
○想知道應徵者的適應力有多強。
○想知道應徵者是不是過於堅持己見的人。

profile
40歲男性，大學畢業後，在3間公司工作過。這次想跳槽到第4間公司，應徵相同的業界與職缺。

NG範例

「**雖然不知道貴公司的獨特之處為何，但我會努力適應的。**」

POINT 不要只強調自己的「幹勁」，應該強調自己隨機應變的能力。

OK範例

「我相信自己能夠適應。之前曾在3間公司工作過，而這些公司都有自己一套方法。有的需要我自行思考、積極採取行動，才能完成工作；有的則需要我聽命行事、不要擅作主張；有的公司則是頻繁變換方針。

不過，我都成功地適應了，因此覺得自己擁有不錯的適應能力。貴公司需要的是主動思考、積極行動，自己創造價值的人才，而我也曾在性質類似的公司服務過。另外我的個性靈活，也擁有優異的適應能力，相信自己能夠一邊適應貴公司的做法，一邊發揮自己最大的能力、做出貢獻。」

POINT 在說完「能夠適應」之後，一定要提到你對這間公司做了哪些研究，然後具體說明曾經透過相同經驗與個人優勢達成了哪些成果，如此才能搏得面試官的認同。

回答跳槽次數、待遇等問題的方法①

辭掉前一份工作的理由是重要的參考資訊，所以面試官一定會問這一題。在此介紹回答這題的最佳方式。

請問您為什麼辭掉前一份工作呢？

面對這類問題時，必須拆成2個部分思考，一個是公司情況，一個是自身情況。

如果是因為公司才辭職，可以正正當當地告訴面試官事實即可（因為個人行為而被公司懲戒或開除的情況除外）。比方說，「公司為了全球化，將整個管理部門移到新加坡，沒辦法移居海外的人都被解雇了」，面試官也一定能夠接受這類理由。

如果是因為自身情況而辭職，進入社會很久的中年求職者一般不太會因一時衝動（例如：太常加班、無法放假、職場氣氛很差等）而辭職。通常是因為公司希望中年求職者辭職，或是突如其來的人事異動，不然就是莫名的減薪等負面理由。

不過，若是跟面試官說這些，可能會留下「這個人沒問題嗎？」的壞印象，所以建議大家依照後續的OK範例，多提一些克服這類負面因素的努力以及今後的工作鬥志，讓面試官認同你這個人。

分析問題背後的意義！

◯希望應徵者不要模稜兩可，好好說出合理的原因。
◯如果是因為負面因素而離職，要說明箇中細節。

profile
41歲男性。大學畢業後,曾在2間公司工作過,這次準備跳槽到第3間,想應徵相同業界的相同職務。

NG範例

「(部門撤除,所有人被解雇)雖然不好意思這麼說,或許是因為我個人的能力不足,所以才被公司開除。」

POINT 這種回答會被面試官以為,你真的是因為能力不足才被開除。

OK範例

「我在3個月前接到換部門的調令,但考慮到家庭,我無法調動部門,於是決定辭職。

為了避免孩子教育中斷、岳父無人就近照料,思慮再三後還是覺得不能搬家或是單身赴任。

我曾向公司反應這些事情,也希望公司能夠彈性處理,但公司仍表示我必須搬到高雄上班。

前一份工作讓我很有成就感,周遭的人也對我有諸多好評,所以我很想繼續待在原本的公司。但是當我決定辭職後,就只能繼續往前走了。

對我來說,家人比工作更重要。若能在貴公司這種於台北都市圈設立分店的企業服務,我應該就能安心上班了,因此才決定應徵。」

POINT 坦白說出負面的離職理由才是上上之策。此時的重點在於要讓面試官瞭解你不得不辭的合理性。

CHAPTER 1
CHAPTER 2
CHAPTER 3
CHAPTER 4

48 回答跳槽次數、待遇等問題的方法②

如果回答得不清不楚，很可能會從另一個角度再被問一次。
在此要介紹將危機化為轉機的回答方法。

如果是這個理由的話，應該沒必要離職吧？

　　有時候面試官會為了進一步瞭解離職理由而再問一次，這代表面試官對你的答案不太滿意。

　　此時你該回答的是更具體、更有說服力的離職理由，不要想以一些抽象的答案搪塞過去，因為面試官想要知道的是辭職的正當性。

　　為此，必須讓面試官聽到「外界來看似乎還有緩和餘地，但當事人已經忍無可忍」的事實，而且要說得更深入、更容易理解。

　　比方說，「我明白您覺得『對前一份工作感到不安』的離職理由不夠充分，但我剛剛是想『將前一個職場的財務狀況說得太清楚，似乎不太適當』，所以才描述得比較抽象。其實前一個職場的負債已經超過收入，支付給廠商的款項也常常拖延」，面試官想要的是像這樣進一步說明細節的答案。如此一來，就能化危機為轉機，解開面試官心中的疑惑之餘，還能搏得信任。

　　為了避免面試官覺得：「不管問幾次，都得不到真正答案，是不是另有隱情？」請務必仔細說明理由。

分析面試問題背後的意義！

○**希望應徵者回答得更具體。**
○**應避免重蹈覆轍、一直回答抽象的答案。**

profile
41歲男性。大學畢業後，住在都會區，到目前為止曾在2間公司工作過。
這次準備跳槽到第3間公司，希望應徵相同業界與職位。

NG範例

「**很抱歉，可能會提到重複的內容，但請容我重新說明一次離職理由。一如前述～**」

POINT 面試官就是因為還有疑惑才重
問一次，所以回答一樣的答案實在不是
上上之策。

OK範例

「如您所述，乍看之下，這似乎無法成為離職的理由，但剛剛也提過家人的問題，在此請讓我進一步補充。

首先要說明的是孩子的教育問題。我與老婆都有過多次轉學而留下不好回憶的經驗，如今家中的長女與長男都已進入青春期，我認為實在不適合讓他們在這時候轉學。

其次是岳父的照護問題。在看護沒來的時候，必須有人陪在岳父旁邊。目前是老婆接手已亡故的岳母，主要在負責照顧岳父，但我下班回家或假日時也會幫忙，希望全家一起度過難關。家人就是我的全部，而工作也是我的一部分，所以雖然不願意，我還是不得不選擇離職。」

POINT 接受面試官的回饋是基本中的
基本。這時只要進一步說明前面沒提到
的細節，證明離職的正當性即可。

回答跳槽次數、待遇等問題的方法③

對徵才的企業來說，「錄用之後何時能上班」是決定錄取與否的關鍵。
讓我們一起瞭解調整時程的方法，順利地換工作吧。

question

如果錄取的話，您何時能正式上班呢？

如果是失業的狀態，當然可以回答「錄取的話，我能夠立刻上班」。

但千萬不要回答「1個月之後可以上班，我希望趁這段期間充電」這種沒有任何危機意識的答案。

如果你的前一份工作還沒離職，就得稍微想一下回答的方法。最好不要以不清不楚的方式回答，像是「錄取的話，我會仔細安排行程」，或是「我會先跟另一半討論」等等，這樣會讓人懷疑：「你真的想換工作嗎？」因此錯過難得的錄取機會。

另一方面，過於自信的答案也不太適當。比方說，「我隨時都能上班，配合貴公司的安排」，可能會讓面試官覺得：「你有在現在的職場認真工作嗎？」「是不是不好好交接就離職的那種人？」

面試官非常明白，在前一份工作還沒離職的狀態下，是不可能立刻上班的，所以建議大家參考下列OK範例，充分說明離職到正式上班所需的時間。

分析面試問題背後的意義！

○希望應徵者明確告知可以正式上班的日期與理由。

○如果前一份工作還沒離職，千萬別說：「隨時都可以正式上班。」

profile
38歲女性。大學畢業後，以應屆畢業生的身分進入現在的公司。這次是第一次換工作，希望應徵相同業界與職缺（上班地點從台中換成台北）。

NG範例

「視收到錄取通知的時間而定。」

POINT 避免如此抽象的回答，要讓面試官知道你很想進入公司上班。

OK範例

「若有幸錄取的話，應該1個半月後能正式上班。現職的離職手續需要在1個月前申請，雖然我現在負責的工作不會因為我離職而受到影響，但為了順利交接與離職，大概需要這麼長的時間。

在這1個半月內，大概需要2週的時間從台中搬來台北，還要處理孩子的轉學手續等。

不過，我真的很希望能夠在貴公司上班。如果這樣的時間安排無法符合貴公司需求，我會再思考看看能否早一步離職。」

POINT 這個範例不僅明確地回答了問題、清楚說明接下來的時間安排，還讓面試官知道應徵者真的很想被錄取。

50 回答跳槽次數、待遇等問題的方法④

換太多次工作通常會引起面試官的注意。
讓我們一起看看如何說明這種情況，並讓面試官更瞭解你吧。

 您似乎很常換工作，您對這點有什麼看法呢？

除了外資企業之外，中年求職者若是太常換工作，往往會在面試的時候被扣分。

話雖如此，這是無法隱藏的缺點。就算能夠提出「前一份工作是因為業績不好而離職，而更前一份工作則是因為上司不講理，導致所有人都心生不滿才離職」，面試官可能也不太想聽這種解釋，而且說得愈多，愈像是在抱怨。

如果曾經換過很多次工作，面試官最擔心的就是「會不會錄取後，沒多久就離職」，所以重點在於讓面試官相信「你只是剛好在不適合的公司上班，錄取後就沒問題了」。

開頭可以先分析一直換工作的理由以及自我反省，接著再讓面試官知道，你一心想要進入這間公司。比方說，「對我來說，這是最後的機會，如果能被錄取的話，我會盡全力工作的」，讓面試官知道你有多麼認真。要記得，這才是面試官想要的答案。

分析面試問題背後的意義！

○不找藉口，分析常換工作的理由並反省，讓面試官知道你的決心。

profile
53歲男性。大學畢業後，曾在7間公司上班。這次準備換到第8間，希望應徵相同業界與職務。

NG範例

「老實說，只是剛好進入不適合的公司。我在大學應屆畢業、進入公司後，遇到了很麻煩的上司～」

POINT 盡可能不要一一說明每處職場的離職理由。

OK範例

「至今我換了7間公司，我也知道自己太常換工作。年輕的時候，尤其是30幾歲出頭時，我一心想做自己想做的事，所以一不如意就立刻辭職、尋找下一個職場。

不過，我現在已經50幾歲，在前一份工作也是負責照顧年輕員工，從而明白了年輕時的自己有多麼以自我為中心。

老實說，我知道太常換工作不利於這次轉職。

但如果有機會錄取的話，我會認真工作到最後的。」

POINT 如果替「常換工作」這個事實找藉口，只會讓面試官愈聽愈煩躁。必須強調自己已經改變，並且切身明白常換工作所造成的諸多困擾。

51

回答跳槽次數、待遇等問題的方法⑤

提出期望待遇是面試的重點，在此介紹有助於交涉的方法。

 您的期望待遇是？

想必大家都知道，不該隨便亂提待遇，而是要根據現在（或之前）的職場，以及職缺的工作內容、責任，算出適當的金額。

此外，徵才資訊上若有提到薪資（如：年薪100萬～150萬），一般都會回答在這個範圍內的金額，然後一邊提出明確的理由，一邊說明為什麼希望得到這樣的待遇。

以目前年收100萬、想得到130萬的情況為例，要讓面試官明白這50萬的差距從何而來。比方說，「我應徵的是業務部長，需要同時具備業務員與管理者的能力。我認為管理職每月應該值得多2.5萬，加總後就是130萬。這也是參考前個職場的部長津貼求出來的結果」。請大家記得像這樣提出具體數據，千萬不要回答「一切全由貴公司決定」這種曖昧的答案。

此外，你只是回答面試官的問題，完全不需要擔心「提出金額會得罪面試官」，也不用覺得自己「太厚臉皮」。

分析面試問題背後的意義！

◯想確認應徵者的期望待遇是否與公司設定的薪資符合。
◯希望應徵者簡單扼要地說明想要這樣金額的理由。

profile
39 歲女性。大學畢業後,以應屆畢業生的身分進入公司。這次要換到第 2 間公司,希望應徵相同業界與職務。

NG 範例

「**如今找工作並不容易……**
如果能在貴公司上班,薪資多少都沒關係。」

POINT 不要只表示自己有多麼想進入
公司,應該提出具體的見解。

OK 範例

「可以的話,我希望能夠得到與現職相當的薪資。我目前的年收是150萬,基本月薪是8萬,加上三節和年終後有120萬,至於剩下的30萬則是績效獎金。

我希望基本薪資可以維持相同水準,而貴公司的業務部長一職需管理16名員工,我認為承擔這樣的責任應該相當於原本的績效獎金。

150萬也落在徵才資訊上所開出的120萬～200萬的範圍內,所以我才提出這個待遇。

不過,我還沒為貴公司做出任何貢獻,而且我也很希望能夠擔任業務部長一職,所以願意配合貴公司的決定。」

POINT 比起隨便亂提一個數字,說出
詳細的計算更具說服力。同時別忘了讓
面試官知道,一切都還能商量。

52 回答跳槽次數、待遇等問題的方法⑥

提出期待的待遇是面試的重點。
在此介紹有助於交涉的方法。

 如果薪資比前一份工作（或是現職）來得低，沒關係嗎？

被如此問到時，或許會覺得很痛苦，但是先接受這個金額，同時提到「進入公司後會全力以赴，藉此得到最佳評價及更高的報酬」，讓面試官知道你不甘於現狀，以及對於工作的熱情有多麼純粹。

老實說，薪資降低是很難接受的情況。不過，面試官也希望你說明接受這個薪資的理由，比方說，「我很想成為貴公司的店長，所以不太重視薪資的高低」或是「我現在這份工作是因為常常加班，領了很多加班費，薪資看起來才很高，而這次薪資下降是理所當然的事」，面試官聽了這些說明後，應該也會對你留下好印象。

此外，有些職缺會提出「根據經驗、證照或能力面議」，這代表徵才的企業也還沒有確定薪資，仍然有交涉的餘地。

如果想要多一點薪資，不妨進一步強調自己的工作經歷、能力以及接下來準備承受的重責大任，或許有機會拉高薪資。

分析面試問題背後的意義！

○讓面試官知道你不滿足於現狀，希望得到更好的待遇。
○如果還有討論餘地，不妨進一步推銷自己。

43歲男性。大學畢業後，以應屆畢業生的身分進入企業（東證prime市場上市公司）。目前正準備換工作，希望應徵比現職規模更小，但性質相同的企業與職缺。

NG範例

「沒問題，我知道以我的年齡很難順利找到工作，所以待遇變差也是無可奈何的事。」

`POINT` 這種無可奈何的回答，絕對會讓面試官留下不好的印象。

OK範例

「對於這次換工作有可能減少收入這點，我早有心理準備。但比起薪資待遇，我更希望能在貴公司上班。

薪資能夠提高當然再理想不過，但我在前一個職場之所以能拿高薪，是因為公司本身是講究年資的業界龍頭，而我在那間公司已經待了21年。

我還沒正式進入貴公司，也還沒做出任何貢獻，自然沒資格抱怨薪資減少這件事。

如果有機會進入貴公司的話，我絕對會創造出超乎期待的工作成果。相信得到公司青睞後，薪資自然會提升。」

`POINT` 接受減薪的同時，說明接受的理由，最後再補充進入公司後會多麼努力，這可說是最理想的回答了。

53 回答跳槽次數、待遇等問題的方法⑦

如果被問到這個職位的前手問題，該怎麼回答呢？
讓我們一起瞭解這個問題背後的意義，尋找對策吧。

上個月有人以能力不足為由辭職，對此您有什麼看法呢？

沒能達成公司的要求而離職，是相當理所當然的事情。但被問到這個問題時，切記要保持冷靜，才能適當地回應。比方說，要讓面試官知道「就算現實很嚴峻，但我會盡全力克服」，藉此表達出你的熱情。

不過，除了跟面試官表明「不會讓這種事情發生」之外，還要言之有物。只說「我會努力的」，實在太空洞了。

此外，也不要說什麼「我跟別人不同，沒問題的」或是「我有優異的工作技能，所以絕對不會那樣」，這種廉價又抽象的說詞實在沒有任何根據，所以千萬不要這麼說，以免讓面試官留下不好的印象。

建議像這樣跟面試官說，「前一份工作每年的目標都很難達成，但我仍在那個環境下工作了很久。我甚至自己創造了專屬的 PDCA 循環，在過去 10 年都很穩定地達成了目標」，提出這種具體的經驗，不僅能讓面試官更相信你，也能進一步宣傳你的潛力。

分析面試問題背後的意義！

○冷靜地說明「自己不會因此辭職」的理由。
○不需要提出「我會加油的」這種精神喊話式理由。

profile
43歲男性。大學畢業後,就在現在的公司上班。目前準備換公司,希望能應徵相同的業界與職缺(業務部長)。

NG範例

「聽起來情況很嚴峻……我的確想為貴公司盡心盡力,但我不敢保證自己不會踏上相同的道路。」

POINT 就算有所動搖,也應該在最後補充「我會努力,不讓自己變成那樣」這類說法。

OK範例

「原來如此,上個月曾發生這樣的事情啊。雖然我不知道細節,無法對此做出任何評論,但我的確覺得這不只是別人的事情。

不過,我曾在必須拚業績的環境工作了20年左右,而看了這次的職缺後,覺得自己過去累積的經驗與工作技能能派上用場。

如果最終還是不得不離職,那也是無可奈何的結果,但我現在一心想著在進入貴公司之後,該怎麼做才能提升第一業務部的整體業績。」

POINT 一邊表示這情況可能不會只發生在別人身上,一邊又挺起胸膛地表示自己能夠辦到,最後將負面話題扭轉成正面話題,都是非常有效的手段。

回答咄咄逼人問題的方法①

與年輕人工作時，你覺得需要什麼特質？
進一步瞭解藏在這類問題背後的意義，找出正確的應對心態與策略。

Q question 我們公司有許多比您年輕的員工，您可能會很痛苦喔？

在面對這類很有壓力的尖銳問題時，千萬不要感情用事，而是要有邏輯地回應。

你與年輕人之間的確有代溝，工作也一定會有卡關的時候。這時可以提出過去與年輕人一起工作的經驗或小故事，比方說「我以前就曾與20幾歲的員工一起推動業務，因此對年輕人的思維與行動模式有些瞭解，應該沒有問題」，讓面試官知道你與年輕人相處不會有問題。

只要記住，身為中年人，與其與年輕人開心地相處，更應該成為年輕人的榜樣，應該就能正面地回答這個問題。

比方說，可以告訴面試官「與年輕人開心地相處固然重要，但不能只像是在玩社團一樣。他們的經驗還不夠，所以我必須讓他們知道該怎麼推動工作，以及展現專業的一面」。此外，也可能會被問到「我們公司的女性／男性員工比較多，您會不會覺得不方便？」這類問題。但不管如何，讓面試官知道你具備適應任何人的能力就好。

分析面試問題背後的意義！

○不要只回答「沒有問題」，而是要提出具體的根據。
○要知道自己必須扮演栽培年輕人的角色。

profile
45歲男性。大學畢業後,以應屆畢業生的身分進入現在這間公司。這次想換新公司,希望應徵相同的業界與職務。

NG範例

「**我很喜歡跟年輕人相處,
完全不會有任何問題。**」

POINT 企業不是只想徵求與年輕人玩家家酒的人才。

OK範例

「我覺得這算是滿困難的事情,尤其我與年輕人之間有10歲、20歲的差距,思考模式與價值觀當然也不同。

不過,這就是工作,我非常瞭解在職場上不管是遇到什麼人,只因為合不來就無法共事的話,是不會有任何進步的。

我在前一個職場,也曾與工作節奏完全不同的年輕員工一起工作。

在與他們往來時,我發現我們這個世代的責任在於尊重他們的觀點,同時幫助他們培養起一流的專業素養,而不是硬逼他們接受自己的價值觀。

如果有機會錄取的話,我也願意積極扮演這樣的角色。」

POINT 先認同面試官的說法,再提出自己的主張予以反駁,是面對這類咄咄逼人問題的重點。不要只是回答「沒問題」,而是要強調自己具有栽培人才的附加價值,提高面試官對你的期待。

135

55 回答咄咄逼人問題的方法②

一般來說，企業都會要求中年求職者具有管理經驗。
讓我們一起思考沒有相關經驗時，該如何回答吧。

您已經這個年紀了，為什麼沒有管理經驗呢？

許多針對中年求職者的職缺，都會需要具有管理能力或經驗，所以請大家務必記得，這類問題會常常出現。

假設應徵者沒有正式管理經驗，應該盡量不要提及這個事實。

不過，就算沒有正式管理經驗、只是一般員工或主任，只要曾經擔任小專案的負責人，一樣可以強調這點，這也很能打動面試官。

面試官也明白，就算曾經擔任○○課長或是△△經理，也可能只是徒有「頭銜」，沒有實際負責任何管理責任。

你可以提出這些例子，同時說明「自己曾親自管理部下」，讓面試繼續往下走。

當然，若你真的完全沒有類似經驗，也可以先強調自己的工作技巧與知識，再說明自己的管理風格，證明自己只要有機會負責管理工作，就一定會積極挑戰。

分析面試問題背後的意義！

○盡可能提出類似經驗。
○如果沒有相關經驗，就讓面試官知道你會積極挑戰管理工作。

profile
44歲男性。大學畢業後，曾在2間公司上班，這次要換到第3間公司，希望應徵相同業界與職務（門市銷售員）。

NG範例

「**其實我去年有機會升任課長，
但最終沒能成功。**」

POINT 提到有機會升任課長這點固然不錯，但是面試官無法從中得知你是否具備管理技巧。

OK範例

「雖然已經44歲，但我還沒有做過管理職。就這層意義而言，我確實算是缺乏管理經驗。

不過，我曾在前一個職場替補店長的空缺，負責經營門市、管理兼職員工與一般員工的出缺勤和業績。

3年前，店長開始同時要負責其他3間門市後，就常常不在我們這個門市，我的責任也愈來愈大。

我也曾負責指導新進及兼職員工，用心指導年輕員工怎麼工作更好，以及門市禮儀、陳設商品的技巧等等。因此我具有基本的管理技能，也有心挑戰管理工作。如果有機會在貴公司擔任管理職，我一定會積極扛起這份責任。」

POINT 就算沒有相關經驗，也可以進一步說明非正式的類似經驗，一樣會是非常理想的回答。

56 回答咄咄逼人問題的方法③

如果被問到「工作這麼久，為什麼沒有相應的實績」，該怎麼辦呢？
讓我們一起瞭解，該怎麼透過一些看似不起眼的實績來說服面試官吧。

 您工作了這麼多年，為什麼沒有創造出應有的實績？

遇到這個問題時，千萬不要只是回答「我確實沒有特別的實績」，而是要像回答其他尖銳問題一樣，先認同面試官的問題，再提出證據否定。

最令人頭痛的就是提出證據這點。比方說，你如果一直很認真工作，可以跟面試官強調「我雖然不是每年都達成目標，但在所有業務員中，我一直維持在平均水準之上」，或是「我的個性比較一板一眼，所以在工作正確度上得到不少好評，過去5年不曾犯過任何錯誤」。此外，也可以強調「我曾負責重要的○○地區」，或是「我稍微參與了現在熱賣的△△商品的××部分」這類僅此一次的經驗，這也算是不錯的自我宣傳。

面試官知道每個人都有自己該扮演的角色，不可能每個人都是超級明星，所以請找出屬於自己的亮眼實績，再進一步透過這點強調自己的強項。

此外，雖說提出「會在未來讓負面因素變成正面因素」是基本的面試技巧，但中年求職者已經不年輕，不太適合用這種說法面對問題。

分析面試問題背後的意義！

○就算不是可量化的成果，也要提出自己的工作成果。
○該強調的不是「接下來會努力」，要將重點放在之前創造了哪些成果上。

profile
40歲女性。大學畢業，至今曾在2間公司上班。這次準備跳槽到第3間公司，想要應徵相同業界與職務。

NG範例

「我的確沒有亮眼的實績，但我接下來會在貴公司加油，努力創造工作成果。」

POINT 中年求職者不太適合說「接下來我會更加努力」這種話，因為沒什麼說服力。

OK範例

「我知道我沒有什麼值得一提的實績，但是有很多次小小的成功。

具體來說，我在前一個職場時，曾將採購辦公用品的流程改採用部分競標制度，而不是一直以來的無擔保契約，替公司每年節省了2萬左右。

此外，雖然這點無法量化為實際數據，但我最近還擔任了總務部推進省電規範的負責人，並讓省電成為整個部門的共識。

我知道自己不是能夠創造大成果的人，但一直以來都很認真地執行工作，也累積了不少次小成果。」

POINT 雖然只是不起眼的小成果，但是不分享，很可能讓面試官認為「錄取這個中年求職者也沒意義」。

回答咄咄逼人問題的方法④

被問到「離職後為什麼有一大段空窗期」時,該怎麼回答呢?
讓我們一起思考該怎麼解釋並說明吧。

Q question 您離職已經超過半年,為什麼遲遲沒有工作呢?

中年求職者若是在離職後超過半年都沒找工作,的確容易啟人疑竇。

如果是很認真找工作,卻遲遲沒有下文的話,這個問題更是會壓得人喘不過氣。

不過,此時不要氣餒,堂堂正正地向面試官說明自己一直以來都怎麼找工作,以及求職不順的原因就好。

例如,「老實說,我現在沒有被任何公司錄取。我覺得會被問這類問題也很正常,畢竟年齡的確是個障礙,但我還是盡可能地投履歷。多虧如此,我在過去半年應徵了約40間公司,其中有2間找我去面試。雖然還不知道結果,但我絕對不是偷懶不找工作」,像這樣提出目前的應徵進度、具體數據以及進步的證明。

總而言之,應該將重點放在「為什麼不成功」的分析上,具體提出「我想應徵的○○職種本來就不太缺人」等客觀理由。

分析面試問題背後的意義!

○說明具體的行動與失敗的理由。
○每次都被淘汰,心情只會愈來愈低落,這時更要以樂觀的心情說明。

profile
48歲男性。大學畢業後,以應屆畢業生的身分進入公司。目前正準備換工作,希望應徵相同的業界與職務。

NG範例

「**現在的確是一直吃閉門羹,但我一直很認真地找工作,接下來也會積極投履歷,希望盡全力成功轉職。**」

POINT 只有幹勁還不夠,必須明確提出具體的行動,並分析自己的失敗。

OK範例

「我知道自己一直都沒能找到工作,會被這麼問也很正常。一開始我很堅持在下一份工作應用之前的工作經驗,也對薪水有一定的要求,但現在我放寬了範圍,連相關職務都投履歷。

尤其這個年齡的話,通常需要具備管理經驗,然而我缺乏這方面的經驗,這也是一大阻礙。

不過,目前有3間公司有不錯的消息,其中一間還告訴我,只要待遇沒問題就會錄取。可惜的是,最終待遇實在不符期待。不過我也明白,找工作的時間拖愈久,情況只會愈來愈嚴峻。

我會盡一切所能繼續努力找工作,同時也很珍惜這次的面試機會。」

POINT 具體說明找工作的過程,以及分析失敗的理由之後,補充積極樂觀的發言,以及今後的決心與覺悟,都是非常有效的方法。

回答咄咄逼人問題的方法⑤

面試時，最後的提問是絕佳機會。
請利用有建設性的提問，讓面試官對你印象深刻。

Q question 最後有什麼想問的嗎？

面試的最後，面試官通常會問：「有什麼問題想問嗎？」

一般來說，應徵者在這時候都會問一些進入公司之後的事情，例如公司或工作的情況。比方說，「假設我錄取之後，會與哪個團隊一起工作呢？」或是「公司對於擔任這個職位的人有什麼期待呢？」「這個職位的負責範圍有多廣呢？」請試著提出這類問題。

另一方面，不要在這時候提出「公司文化如何呢？」「在進入公司之前，應該準備什麼？」這類沒來由的問題，

或是「實際的待遇會是多少？」「進入公司之後，能夠領到多少獎金」這類與待遇有關的問題。

當然也不要回答「沒有特別想問的」。一來這會浪費提問機會，二來會讓面試官覺得你對公司沒什麼興趣。

就算整場面試不太順利，也有可能透過此時的提問，在面試官心中留下好印象。

所以請事先準備幾個問題，再依照面試情況從中挑出適當的問題提問。

分析面試問題背後的意義！

○若真的對公司或工作內容感興趣，應該會有想問的事。
○不要突然問有關薪資或待遇的問題。

profile
42歲男性。大學畢業後，以應屆畢業生的身分進入現在的公司。這次準備跳槽到第2間公司，希望應徵相同的業界與職務。

NG範例

「沒什麼特別想問的，但希望借這個機會再次強調我的強項。一如前述，我有20年左右的第一線經驗～」

POINT 答非所問會讓面試官對你的溝通
能力產生質疑。

OK範例

「如果我被錄取的話，我會與哪些成員一起工作呢？可以的話，我希望知道團隊成員的人數以及大家的個性。」

「我在前一個職場擔任銷售經理，做過業務員，也負責管理過業務相關事務，這次的職位也是負責相同工作嗎？」

「徵才資訊上沒有提到，所以我想請教這個進出口部門也負責物流嗎？上一個職場是將這個部分交給物流公司。」

「（回答面試官的問題）想請教這個職位的工作範圍是否也包含××？」

POINT 提問後，針對面試官的回答再
提問，也能強調自己的幹勁。

中谷充宏

轉職、就業個人職涯教練。

職涯規劃師（職涯諮詢師）、社會保險勞務士、行政書士。

同志社大學法學部畢業後，進入NTT（日本電信電話株式會社）、NTT Comware擔任人事負責人，之後跳槽到另一間公司，又於2004年獨立創業，成為職涯諮詢師，主要業務為替人撰寫職涯經歷表。

不同於免費幫忙介紹人才的人力公司或行政機關，是以直接從客戶收取費用的一對一方式提供轉職服務，因此客戶也會有很高的要求。作者創業之初即採用「不滿意立刻全額退費」制度（目前已廢除這項制度），經營19年之久，只發生過一次退費例子，可見客戶的滿意程度。

作者除了曾經服務東京大學、慶應大學畢業的一流企業員工、擁有美國MBA學位的人、取得國家資格的會計士、大學教授、法籍CEO這類菁英階層，也曾服務過大學生、高中生、居家自由工作者，甚至還有來自中國、香港、新加坡、波士頓、倫敦、南蘇丹等的外國客戶。

另外，作者曾隸屬於多間大學的職涯規劃中心，為許多大學生提供就業輔導；以社會保險勞務士角度多次提供就職諮詢；在多間企業擔任過人事，一手包辦所有與人事有關的業務。由於見證過無數次面試現場，更加瞭解徵才企業對於應徵者有哪些期望或要求、不希望應徵者有哪些問題，相當擅長就業輔導與徵才領域，成為日本屈指可數的「個人職涯教練」，專門幫助客戶求職與轉職。

作者曾經接受NHK、讀賣新聞以及Recruit的轉職媒體採訪，並曾在「Mynavi轉職」擔任言詞銳利的面試官，多次登上新聞媒體版面。

著有《20代～30代前半のための 転職「面接」受かる答え方》《30代後半～40代のための 転職「書類」受かる書き方》《30代後半～40代のための 転職「面接」受かる答え方》（秀和system）

中年轉職煩惱諮詢室：
https://chuukounen.com/

40 SAI KARA NO TENSHOKU SEIKOU METHOD JIKO NO KACHI WO
TAKAMERU SENRYAKU TEKINA JUNBI TO TAISAKU
Copyright © Edit Real inc., 2023
All rights reserved.
Originally published in Japan by MATES universal contents Co., Ltd.,
Chinese (in traditional character only) translation rights arranged with
by MATES universal contents Co., Ltd., through CREEK & RIVER Co., Ltd.

Creative Staff
●編輯／淺井貴仁（エディットリアル株式會社）
●執筆協力／長沼良和
●設計／田中宏幸（田中図案室）

中年不打烊
58 招助你跨越年齡壁壘、成功轉職理想工作

出　　　　版／楓葉社文化事業有限公司
地　　　　址／新北市板橋區信義路163巷3號10樓
郵 政 劃 撥／19907596　楓書坊文化出版社
網　　　　址／www.maplebook.com.tw
電　　　　話／02-2957-6096
傳　　　　真／02-2957-6435
監　　　　修／中谷充宏
翻　　　　譯／許郁文
責 任 編 輯／邱凱蓉
內 文 排 版／謝政龍
港 澳 經 銷／泛華發行代理有限公司
定　　　　價／360元
初 版 日 期／2025年1月

國家圖書館出版品預行編目資料

中年不打烊：58招助你跨越年齡壁壘、成功
轉職理想工作 / 中谷充宏監修；許郁文譯.
-- 初版. -- 新北市：楓葉社文化事業有限公
司, 2025.01　面；　公分

ISBN 978-986-370-760-8（平裝）

1. 就業　2. 職業流動　3. 成功法

542.77　　　　　　　　　　113018370